RESPOSTAS
que a vida dá...

Nelson Moraes

RESPOSTAS
que a vida dá...

Aliança

1ª edição, outubro 2013, 1º ao 3º milheiro

Título
Respostas que a vida dá

Autor
Nelson Moraes

Revisão
Antônio Roberto de Carvalho

Diagramação
Bárbara Francis Bugno Gomes

Capa
Antônio Carlos Ventura

Impressão
Vida & Consciência Gráfica e Editora Ltda.

Ficha Catalográfica

Dados Internacionais de Catalogação na Publicação (CIP)
— Câmara Brasileira do Livro | SP | Brasil —

Moraes, Nelson
Respostas que a vida vá / Nelson Moraes;
São Paulo : Editora Aliança, 2013.

ISBN: 978-85-88483-99-6

1. Autoajuda 2. Conduta de vida 3. Desenvolvimento humano 4. Espiritismo 5. Felicidade 6. Sabedoria 7. Vida espiritual I. Título.

13-10719 CDD-133.901

Índice para catálogo sistemático:

1. Autoajuda : Espiritismo 133.901

Editora Aliança
Rua Major Diogo, 511 - Bela Vista - São Paulo - SP
CEP 01324-001 | Tel.:(11) 2105-2600 | Fax: (11) 2105-2626
www.editoraalianca.com.br | editora@editoraalianca.com.br

Sumário

Do autor

Lembro-me de que quando criança, motivado pela fé inocente que aprendi a cultivar com minha abençoada mãe, eu conversava com Deus como se estivesse vendo o Seu rosto em meio às nuvens do céu. Não sei se era minha imaginação, mas via Seus lábios movimentando-se quando falava comigo, respondendo às minhas inquirições. Lembro-me claramente quando me repreendeu pela minha impaciência diante da condição que a infância me impunha, restringindo a minha liberdade. Guardo viva nos refolhos da alma a lembrança da sua voz piedosa, pedindo-me para aquietar o espírito, pois a vida física seguindo as determinações da natureza, um dia me tornaria adulto fisicamente ampliando a minha liberdade, e que eu deveria cultivar a paciência e a obediência aos meus pais.

Tenho saudades desse período maravilhoso da minha vida, mas o tempo marchou célere configurando uma realidade pouco romântica, onde os devaneios da infância se diluíram, cedendo lugar às responsabilidades que se incorporaram à minha condição de maioridade.

Porém, as suaves lembranças dos meus diálogos com o Criador permaneceram vivas nos refolhos de minha alma, alimentando minha fé.

Hoje, disponho da fé raciocinada. Com ela, as lutas intestinas se ampliaram e o meu Eu mais profundo se ressente da fé inocente que me isentava do pudor da consciência.

Isso é consequência da força do progresso espiritual irreversível estabelecida na nossa essência, pelo Criador. Ninguém se furtará desse embate consciencial. Por isso, a sabedoria nos recomenda a vigilância dos nossos atos e pensamentos.

Neste livro, o leitor vai descobrir que a melhor forma de nos fortalecermos para enfrentar esse embate inevitável, é aprender a reconhecer nos acontecimentos do cotidiano as Respostas que a Vida Dá.

1

Conceitos sobre a sabedoria

No que consiste a Sabedoria?

Vivemos em um mundo onde tudo é relativo, nada possui um valor determinado, absoluto. O valor de cada coisa ou acontecimento está implícito na visão e na compreensão das consciências que usam, vivem e observam.

Sob a égide dessa realidade, a vida se constitui em um livro que oferece ao leitor inteligentes informações, cuja magnitude se estende ao infinito.

A leitura desse maravilhoso manancial de sabedoria, que se estende desde o micro até o macrouniverso, não depende do grau de intelectualidade do leitor, mas sim da sua sensibilidade, que lhe permite ler nas entrelinhas onde se destaca o óbvio que poucos enxergam.

Em linguagem científica, podemos designar essa sensibilidade como Inteligência Emocional, ou seja: raciocinar em harmonia com o sentir.

Foi no exercício harmonizado dessas duas forças que surgiram os sábios que se anteciparam à Ciência, revelando ao mundo realidades mais tarde confirmadas pelo estudo científico.

Filósofos da antiguidade, dotados dessa sensibilidade, revelaram a existência do átomo, alguns séculos antes da Ciência.

Fincados nessa visão, a vida se nos revela sob um amplo aspecto educativo, trazendo-nos, a cada acontecimento natural ou provocado pelos seres humanos, um apontamento importante para subtrairmos respostas às nossas indagações, desde as mais comuns até as que transcendem os parâmetros da Ciência e da Cultura a que estamos vinculados. Isto nos permite estabelecer um norte para nos integrarmos aos verdadeiros objetivos da vida e construirmos a sabedoria e a verdadeira felicidade.

Um fato ocorrido surge aos nossos olhos como uma fotografia, em que o maior destaque é o trivial que todo mundo vê, transformando, muitas vezes, este fato em um acontecimento corriqueiro. Porém, o que há de mais importante num acontecimento, geralmente está expresso nas entrelinhas, onde somente os dotados de uma acurada sensibilidade conseguem enxergar detalhes ocultos ao entendimento comum, detalhes estes que lhes permitem identificar as causas que originaram tal acontecimento.

Essa visão ampliada acaba facultando-lhe maior capacidade para exercer uma análise judiciosa sobre o fato, do qual consegue extrair uma profunda lição de sabedoria.

A reação de um sábio, diante dos acontecimentos que ocorrem à sua volta, não está implícita nas aparências e não é imediata. Entre o fato e a reação há um lapso de ponderação. Sua reação não é instintiva, mas bastante ponderada, isso porque a impressão causada pelo acontecimento passa pelos dois crivos: o da emoção e o do raciocínio, os quais se equilibram mutuamente, gerando uma reação sábia e serena.

A sabedoria se desenvolve sob um processo cognitivo ampliado aos horizontes da percepção além dos sentidos, e se consolida no equilíbrio dos sentimentos com a razão.

O ser humano, ainda distante do conhecimento da sua origem espiritual, dificilmente alcançará a sabedoria. Ela não se restringe ao cérebro; depende da mente, ou seja, do Espírito que está no comando do complexo orgânico com o qual manifesta a sua individualidade no plano terreno.

Crer em Deus faz parte da Sabedoria?

Sem a certeza e a compreensão da existência de uma inteligência superior na criação e no comando dos fenômenos que ocorrem no universo, ninguém conseguirá construir a sabedoria.

A sabedoria emana da compreensão de uma realidade mais ampla e mais profunda, a qual transcende à realidade parcial e relativa que registramos por intermédio dos sentidos limitados pela condição física em que nos encontramos enquanto reencarnados.

Certa vez, uma senhora muito culta me questionou sobre a existência de Deus; ela me surpreendeu ao fazer-me uma interessante pergunta:

— Se nada existe sem que tenha sido criado, quem criou Deus? Se alguém o criou, quem é esse alguém? - e pontuou a frase com um sorriso irônico.

Então, eu lhe fiz uma pergunta:

— Minha senhora, antes de responder à sua indagação, eu lhe pergunto: quantos dias uma galinha permanece no ninho, chocando os ovos até o nascimento dos pintinhos?

Surpresa com a pergunta, embaraçada e aparentemente irritada, respondeu:

— Não sei. Pouco ou quase nada conheço sobre galinhas; não sou zoóloga!

Então eu afirmei:

— Se a senhora, com toda a sua cultura, não sabe quase nada a respeito de uma galinha, que é uma ave doméstica, como quer saber quem é ou como é Deus?

A senhora sorriu meio constrangida e eu arrematei:

— Eu não preciso saber como é Deus; posso reconhecê-Lo e compreendê-Lo nas coisas mais simples, e até mesmo em uma galinha. A senhora tem ciência de quem criou a galinha?

Demonstrando ter recuperado a calma, ela sorriu e ficou calada.

Continuei...

— Se nenhum homem criou a galinha, e se nenhum homem por mais inteligente que seja é capaz de construir uma, com certeza quem a criou foi uma inteligência superior à do homem, concorda?

— Nisso sou obrigada a concordar.

— Pois bem, seria infantilidade minha acreditar que foi Deus quem criou a galinha e todas as coisas que existem no micro e no macrouniverso? Ou será que existe efeito sem causa?

— Não! Acho perfeitamente racional a sua colocação - respondeu a senhora.

— Pois é! Na beleza de um quadro, podemos reconhecer as qualidades do pintor, sem mesmo conhecê-lo pessoalmente.

— Incrível como o senhor conseguiu abalar meus conceitos sobre a existência de Deus! – exclamou a senhora, admirada.

Eu acrescentei:

— Devo dizer-lhe que essa é uma visão científica do Criador baseada na observação da natureza, cuja beleza e sabedoria, impressas em cada uma das suas maravilhas, o homem jamais conseguirá reproduzir. Fato que indubitavelmente nos reporta a uma inteligência superior que ainda estamos longe de compreendê-la. Essa visão racional de Deus, um dia, irá desenvolver nos corações humanos a verdadeira religiosidade, a qual não dependerá de conceitos religiosos que até agora foram alimentados às margens da razão.

Ainda surpresa diante dos argumentos, a senhora me fez uma pergunta:

— Qual é a sua formação acadêmica?

Nessa hora, fui eu quem sorriu irônico ao responder à sua indagação:

— Não sei.

— O senhor não sabe?

Então, eu esclareci:

— Minha senhora, com tantas vidas acumuladas ao longo das minhas reencarnações, como posso me lembrar de todos os títulos que conquistei? O que sei é que nesta vida precisei apenas do ensino fundamental para saber reconhecer todas essas coisas maravilhosas que a observação da vida nos revela, descortinando aos nossos olhos a origem espiritual do ser humano.

A senhora, emocionada, aproximou-se de mim e me abraçou carinhosamente. Não é preciso dizer que naquele momento eu acionei naquele coração um novo estado de consciência.

O que ocorreu durante esse diálogo foi algo digno de uma análise para se compreender o valor implícito no processo da comunicação; eu não a convenci, apenas dei-lhe subsídios racionais para que ela mesma se convencesse. Na verdade, despertei nela um potencial que estava adormecido, o qual todos possuímos em estado latente e podemos designá-lo como discernimento.

As respostas que buscamos estão explícitas na própria vida, porém à semelhança de um quebra-cabeça que precisamos aprender a montar.

As peças desse quebra-cabeça estão presentes nos acontecimentos que ocorrem no dia a dia, sejam eles naturais ou consequências da ação dos homens.

Como viver com Sabedoria?

Viver é sentir! Não basta apenas saber. Em um computador, podemos armazenar milhões e milhões de dados, dotando-o do saber introduzido. Mas, com todo esse manancial de conhecimento armazenado, jamais será capaz de enxugar uma lágrima nos olhos de um sofredor, ou consolar um coração atormentado.

O intelecto desamparado dos sentimentos nobres é incapaz de gerar a Sabedoria. Por isso mesmo encontramos sábios incultos e cultos incautos.

Os sentimentos se constituem na força maior do ser humano. Onde há sentimentos elevados, há vida na plenitude. O Homem sem moral e sem sentimentos elevados se robotiza e se transforma em uma ferramenta utilizável dentro das suas especificações intelectuais e dos seus próprios objetivos, geralmente traçados no terreno árido do egoísmo e da vaidade.

Quem vive nessas condições, não consegue enxergar além dos horizontes do racional e passa pelo mundo sem absorver a Sabedoria que é anímica e divina, e está latente no Espírito humano. Todos a alcançarão um dia, nem que para isso necessitem de milhares de reencarnações.

2

Conceitos sobre a felicidade

Considerando que estamos em um mundo onde tudo é relativo, podemos afirmar com segurança que a felicidade também é relativa ao entendimento e aos conceitos de cada um.

O avaro é feliz enquanto consegue manter o cofre abarrotado; o narcisista e o vaidoso serão felizes enquanto o espelho não registrar as marcas do tempo; o egoísta será feliz enquanto conseguir manter a primazia sobre os outros.

São inúmeros os conceitos que alimentam a felicidade daqueles que ainda não se dispuseram a construir a verdadeira e perene felicidade.

Enquanto as emoções e os sentimentos humanos estiverem limitados aos sentidos da carne, o Homem viverá suas paixões, que o desequilibram e o distanciam da autêntica felicidade. Mas, quando as suas emoções e sentimentos se alicerçam nos autênticos valores do Espírito, um profundo sentimento de felicidade se estabelece nos refolhos da alma.

Um casal, cujos valores cultivados se restringem apenas aos valores físicos e materiais, gozará de uma felicidade relativa somente enquanto esses valores existirem. Os cônjuges serão parceiros nos desajustes e disputas, cada qual reclamando seus direitos à "felicidade".

Na escassez; o egoísmo comparecerá em cobranças implacáveis, tanto de um lado como de outro. O mesmo se dará na abundância; o muito ainda será pouco para saciar a insatisfação de ambos.

Quantos lares se desmontaram sob a égide desse comportamento!

Lembro-me de uma época distante quando eu e minha esposa, ainda jovens, passávamos por um período muito difícil.

Certo dia, quando cheguei em casa para almoçar, observando a mesa posta, percebi que a mistura era apenas um bife muito pequeno que sobrara do dia anterior, então eu pensei... "vou dizer que não quero o bife, para que minha esposa possa comê-lo", porém, ela se antecipou a mim e disse:

— Só temos o arroz e esse bife; pode comê-lo, eu estou enjoada de carne.

Percebi que a sua preocupação era a mesma que a minha, então retruquei:

— Nada disso! Coma você, eu não quero! Vou comer muito pouco; não estou muito bem do estômago.

Ficamos nesse empurra-empurra durante algum tempo e, por incrível que possa parecer, enquanto discutíamos a questão a campainha tocou, era um senhor pedindo um prato de comida. Ambos nos emocionamos e, rapidamente, fizemos um sanduíche com o bife e demos a ele.

A caridade foi recíproca; mitigamos a fome daquele homem e ele nos trouxe um grande alívio de consciência, libertando-nos do impasse que angustiava nossos corações.

Naquele momento, eu vi o quanto a minha esposa era compreensiva e o quanto me amava. Com certeza, nem eu nem ela, em nome do amor e do carinho que nutríamos um pelo outro, teríamos a coragem de comer o bife.

São esses sentimentos que nos permitem estabelecer um estado de felicidade. Mas, sem a compreensão da verdadeira finalidade da vida e das suas instituições a partir do lar, poucos conseguirão alcançá-la, pois ela não está no prazer satisfeito, mas sim nas responsabilidades morais fielmente cumpridas, muitas vezes sob o preço da renúncia e da compreensão, sem as quais nenhum amor sobreviverá. Nada se compara ao prazer de fazer alguém feliz! Principalmente alguém cuja paz, alegria e a segurança emocional dependem diretamente de nós. Somente esse prazer enobrece e pode dar origem à verdadeira felicidade.

O que impede a felicidade?

Geralmente, nossas atitudes e reações impulsivas diante dos acontecimentos inerentes às nossas necessidades evolutivas são antagônicas à felicidade que desejamos alcançar.

Por exemplo, em um momento de escassez que se abate sobre o lar, semelhante ao relatado na resposta anterior, geralmente os corações desprevenidos assumem uma postura de cobrança:

— Assim não dá! – grita a esposa. — Será que você não consegue um emprego decente? Como pensar em ter filhos se você não consegue nem manter a nós dois? Eu não falei para você não se meter nesse negócio?

E a cobrança vai por aí afora...

O marido, por sua vez, retruca:

— Quer saber de uma coisa? Volta para a casa da tua mãe que eu vou cuidar da minha vida. Não aguento mais ouvir você reclamando nos meus ouvidos.

Nessas horas, os sonhos de amor, de felicidade, e as juras mais sublimes que trocaram antes de se casarem, já não fazem o menor sentido. O mesmo se dá, até mesmo fora do lar, quando o egoísmo surge, revelando-se como o principal antagonista da felicidade.

Quais as principais causas da separação dos casais?

Existem três principais hipóteses que surgem como causa para tantas separações:

Primeira: casaram-se atendendo a um jogo de interesses;

Segunda: iludiram-se acreditando que as aparências físicas e o sexo poderiam sustentar a união e a felicidade com que sonharam;

Terceira: dominados pela paixão carnal, precipitaram-se, antecipando-se ao compromisso espiritual que deveria uni-los aos seus devidos pares.

Na primeira hipótese, a união matrimonial não existiu; o que houve foi um conluio. Na segunda, atenderam à ilusão dos sentidos. Na terceira, entregaram-se a um arroubo de paixões próprio da imaturidade espiritual.

Na verdade, o que separa os casais comprometidos espiritualmente não são as dificuldades, mas sim a falta de compreensão e a ausência do espírito de renúncia. Compreensão e espírito de renúncia com os quais poderiam construir uma relação de amor verdadeiro, ou, no mínimo, uma convivência fraternal em torno das responsabilidades do lar, útil para a evolução espiritual de ambos e dos demais envolvidos na condição de filhos.

Muitos poderão alegar que esse conceito é romantismo ultrapassado e que não se aplica nos tempos modernos, onde a realidade é bem diferente. Então, eu convido os que pensam assim a viajarem comigo no carro da razão e do bom senso.

Suponhamos que alguém ligado aos negócios estabeleça uma empresa, consolidando um antigo sonho e, no exercício das atividades inerentes, ele perceba que a empresa assume algumas características inesperadas, reclamando um esforço maior do que havia previsto. Nem tudo se revelou como um mar de rosas, cobrando-lhe agora maior sacrifício.

Perseverante e obstinado, determinado a alcançar o sucesso, continua firme nos seus propósitos. Passado algum tempo, quando indagado por alguém de como está se saindo na nova empreitada, geralmente responde:

— Vai tudo bem! Uma empresa, para ter sucesso, requer muito empenho, renúncia e sacrifício. É necessário reunir muita compreensão e tolerância para com as pessoas envolvidas! São esses detalhes e desafios que fazem com que eu ame cada vez mais a minha empresa.

Interessante observar que esse comportamento é muito comum na área dos negócios, mas quando se trata dos valores da empresa mais importante estabelecida na Terra – a qual denominamos de "lar, doce lar" –, a renúncia ou sacrifício quase não comparecem. Por isso, cresce no mundo o número de empresas de sucesso e se multiplica o de lares falidos.

O lar, a maternidade e a paternidade são imprescindíveis para a felicidade?

O lar na Terra é a mais sublime empreitada do Espírito em evolução. Fabuloso laboratório de consciências em aprimoramento. Quando Jesus chamou Deus de pai, colocou sobre os ombros do Homem a responsabilidade de se tornar Deus do lar. Para isso, a vida coloca ao seu lado um anjo na forma de mulher. A mulher que se faz mãe, realmente se transforma em um anjo pelas atribuições que lhe são conferidas. Lembro-me de um sonho que tive quando criança no qual um anjo me apareceu:

— Vem! – disse-me ele.

Envolvido pela sua luz, entreguei-me em seus braços. Em poucos instantes, fomos transportados para o Firmamento!

Senti muita emoção ao contemplar de perto a beleza das Estrelas! Observei que entre elas havia um espaço vazio, parecia faltar uma delas, então perguntei:

— Para onde foi a Estrela que estava aqui?

— Foi para a Terra – respondeu o anjo.

— Como eu não a vi por lá?

— Ela se dividiu em pedacinhos para cumprir a missão que Deus lhe confiou.

— Quem é ela? – perguntei.

— Ela é auxiliar direta de Deus, materializando a vida na Terra! É forte como um gigante e frágil como uma flor! No seu coração, Deus colocou a força do Universo e o segredo da felicidade! Pelas suas entranhas a vida se renova! Pelo seu amor os mundos se transformam! Genitora das gerações, tornou-se o portal da vida, acolhendo carinhosamente em seu ventre os brutos e os santos, os sábios e os ignorantes, os justos e os injustos...

Enquanto o anjo falava, senti uma tontura agradável e comecei a cair, acabando por acordar nos braços de minha mãe. Então compreendi! Ali mesmo, apertando-me contra o peito, estava um pedaço enorme daquela Estrela!

Homem e mulher, lembrem-se sempre:

Quem não consegue semear a felicidade em casa, não encontrará a felicidade em lugar nenhum do mundo!

Como já disse anteriormente, a nossa felicidade cresce na medida em que contribuímos para a felicidade dos outros, principalmente para a felicidade daqueles cuja paz, alegria e segurança dependem de nós.

3

Conceitos sobre autoestima e infidelidade

Como desenvolver a autoestima?

A psicologia espiritualista, suscitada nos tempos modernos, ensina que a autoestima é o fator primordial para a felicidade.

Entretanto, como pudemos ver num estudo apurado das causas da infelicidade, a falta de renúncia e de humildade comparece como a principal causa dos desencontros humanos, gerando separações e até mesmo alguns distúrbios psíquicos e emocionais.

É preciso muita cautela ao aceitarmos certos conceitos da modernidade. Nos moldes com que se estimula a autoestima e o amor a si mesmo por meio da literatura de autoajuda e dos tratados de psicologia moderna, esta postura pode significar apenas um nome bonito para um sentimento conhecido como "egoísmo".

O ser humano tende à egolatria. Emergindo da animalidade inferior para a condição de animal racional, guarda no seu psiquismo uma gama muito grande de impulsos característicos dos reinos inferiores da criação e, mesmo na condição humana, ainda se revela um predador territorial egoísta.

O impulso egoísta é característico dos animais, os quais buscam nesse sentimento a força que os ajuda a manter a preservação das espécies. Mas, na condição humana, o egoísmo transforma-se em um sentimento que comparece no cenário humano como a origem de todos os males que afligem a humanidade.

O ser humano que realmente ama a si mesmo alimenta-se do propósito de evoluir espiritualmente, nem que para isso precise renunciar a si mesmo e aos seus sonhos mundanos, a fim de alcançar seu mais elevado destino, que é a perfeição. O Espírito é energia pensante e inteligente que se expande, se fortalece e se sutiliza à medida que se dá em benefício do meio onde atua. Nossa postura perante a vida deve ser a de uma fonte geradora e não a de um repositório denso, estático e acumulativo, alimentando a preocupação única de somar e somar.

Reconheço que, tanto o homem como a mulher, devam se valorizar como seres humanos, o que não significa que para isso precisem se tornar egoístas. Valorizar-se é conquistar o respeito moral, por meio de atitudes nobres e altruístas, coerentes com a razão e com o bom senso.

Valorizar-se é vencer os medos e construir a fé racional em Deus e em si mesmo, sobrepondo-se às paixões mundanas a fim de resistir às tentações deste mundo, cuja cultura equivocada estimula uma permissividade insana.

A verdadeira autoestima está no ato da valorização de si mesmo no cumprimento das responsabilidades morais perante as leis naturais e divinas. A subjugação às paixões menos felizes vulgariza o homem e a mulher, que deixam de preservar os mais sagrados valores humanos.

Numa das tardes em que me dedico ao atendimento de pessoas com os mais diversos problemas, fui procurado por uma jovem que estava vivendo uma segunda relação depois de ter abandonado o marido. Disse-me ela:

— Preciso de ajuda. Alguma coisa está errada! Parece até obra de feitiçaria! Não consigo ser feliz em minhas relações amorosas. Quando tudo parece que está indo bem, acabo sempre sozinha!

Então, eu lhe perguntei:

— Filha, por que você deixou o seu marido?

— Eu não era feliz. Sentia-me uma inútil! Ele até que era bom, mas eu tinha que pensar em mim, na minha autoestima, pois ele me queria como uma "amélia", e eu não nasci para ser uma. Formei-me em administração de empresas, não posso renunciar à minha realização profissional para viver apenas em função do marido e dos filhos...

Diante de tais afirmações, fiz-lhe uma pergunta:

— Nesses dois anos de separação, você está conseguindo se realizar profissionalmente?

— Estou trabalhando, mas ainda não me sinto realizada. Eu não esperava que a falta de uma relação afetiva tivesse tanta influência na minha vida! Sinto um vazio muito grande que compromete o meu desempenho profissional, por isso estou recorrendo à sua ajuda.

Percebi que ela se ressentia do erro que havia cometido ao se separar do marido, então lhe propus algumas considerações:

— Filha, o termo "amélia" é muito forte! Será que o seu marido não sonhava em ter em você uma mãe dedicada ao lar, à educação dos seus filhos, uma companheira que o ajudasse a cumprir a missão que Deus lhe confiou? É importante observar que você foi convocada pela providência divina para exercer a administração de uma das empresas mais valiosas do planeta Terra, para a qual um simples diploma acadêmico não é o suficiente; é preciso reunir dons e qualidades que só as mulheres dispõem, até mesmo as que não possuem cultura como você. Um lar sem o pai corre o risco de se sujeitar à carência do pão, mas um lar sem a mãe sofre fome de amor.

Nesse instante, a jovem senhora se pôs a chorar, então eu perguntei:

— Já pensou em voltar para o seu marido?

— Sim! Tenho pensado muito. Mas tenho dificuldades para me humilhar diante dele.

— Tente! Quem sabe ele lhe aceita de volta e você retoma a sagrada missão que Deus lhe confiou.

Ela se despediu em prantos e, depois de alguns meses, veio visitar-me acompanhada do marido e dos filhos. Havia rejuvenescido! Seu semblante e os seus olhos apresentavam um brilho que só comparece naqueles que realmente compreenderam o verdadeiro significado da autoestima.

Como lidar com a infidelidade conjugal?

A infidelidade conjugal tem-se revelado uma das causas desencadeadoras da infelicidade, a qual se estabelece sob vários aspectos, submetendo o cônjuge infiel a sofrimentos os mais diversos, que poderiam ser evitados se prevalecessem o bom senso e a razão.

O cônjuge infiel acaba se envolvendo em situações alheias ao seu roteiro evolutivo, causando-lhe um mal muito maior do que o prazer que sente ao se entregar aos desejos que o levam a praticar a infidelidade.

Tais sofrimentos não se restringem apenas ao campo emocional, mas abrangem toda uma gama de consequências que se refletem em todas as áreas onde vive e atua, levando o cônjuge infiel a uma falência moral, profissional e econômica, acabando por submetê-lo a terríveis obsessões.

Analisando sob esse aspecto, percebemos que a vítima das consequências geradas pela infidelidade não é o cônjuge traído, o qual muitas vezes ignora a traição, mas sim o que traiu.

O indivíduo masculino tem sido o campeão da infidelidade, registrando ao longo da história o maior número entre os cônjuges infiéis. Ao longo da minha vida, tenho atendido um número muito grande de mulheres traídas, porém, um número muito reduzido de homens.

Certa vez, uma jovem, mãe de dois filhos, procurou-me trazendo uma forte indignação no seu coração: o esposo, a quem muito amava, havia cometido o adultério.

Perguntei-lhe se ela tinha certeza do fato, ao que ela me respondeu:

— Ele confessou! Disse-me descaradamente que foi num momento de fraqueza! Nessa hora senti vontade de matá-lo.

— Filha, sem considerarmos essa insensatez, ele tem sido um bom pai e um bom marido?

— Essa é a causa da minha maior indignação. Jamais ele demonstrou qualquer tipo de leviandade; sempre revelou muito amor pelos nossos filhos! Talvez por isso o meu ódio seja ainda maior. Vejo que tudo nele era falso e que me tem enganado o tempo todo.

Enquanto ela desabafava, lembrei-me de um caso ocorrido com Chico Xavier. Decidi contá-lo à desolada esposa:

— Minha filha - comecei. — Vou lhe contar um caso para que você faça algumas considerações. Numa manhã, quando Chico Xavier seguia sua peregrinação costumeira pelos bairros mais pobres de Uberaba, uma senhora que realizava uma visita à cidade o abordou com o seguinte pedido:

— Chico, fale alguma coisa que me reconforte. Tenho sofrido muito com o meu marido.

E o Chico começou a falar:

— Há muitos anos, uma senhora contou-me que seu marido a procurou e lhe disse: "Eu queria lhe avisar que estou tendo um caso. Trata-se de uma jovem. Não sei o que há. Sei que gosto é de você, mas não consigo me desvencilhar dela. Vou ausentar-me e, quando me tornar digno de você novamente, voltarei, se ainda me quiser".

Prosseguiu o Chico:

— A esposa prometeu pensar e, no dia seguinte, lhe deu a resposta:

— Olha, o homem com quem eu mais queria me casar era você; casamo-nos. Sempre desejei ter uma casa; você me deu um lar. Meu maior sonho era ter um filho; você me deu dois. Faça o que quiser. Eu não vou abandonar o meu lar e nem dizer nada aos nossos filhos. Não há necessidade de três sofrerem quando basta o sofrimento de um. Vou continuar honrando nosso lar e, quando tudo passar, volte.

E o Chico acrescentou:

— Não preciso lhe dizer que o caso do marido com a jovem terminou ali mesmo.

Quando concluí a narração do episódio, a jovem mulher, que me ouvia atentamente, chorou emocionada. Então, eu arrematei:

— Filha, não estou aqui defendendo a leviandade do seu marido, mas tentando fazê-la enxergar a possibilidade que dispõe para que, por meio da sua dignidade e nobreza, possa ajudar este nosso irmão que caiu em tentação. Quem sabe, depois dessa experiência infeliz que abalou a felicidade do seu lar, ele se fortaleça para não mais cair em tentação?

Ela partiu e não fiquei sabendo da sua decisão, mas deixo aqui registrado um acontecimento que traz no seu conteúdo uma visão diferente dos fatos.

Geralmente, o que mais faz sofrer a pessoa traída é o fato de ter sido trocada por outra e, no auge da dor do orgulho ferido, acaba tomando atitudes precipitadas das quais acaba se arrependendo mais tarde.

Quase sempre, a pessoa que trai é imatura ou insegura, e a insegurança acaba levando-a a buscar nas relações múltiplas uma autoafirmação. No caso do homem, geralmente isso ocorre quando a companheira é uma cobradora implacável, comportamento que acaba contribuindo para aumentar a sua insegurança.

Como administrar a dor da traição e reconquistar a confiança?

Temos que entender que vivemos múltiplas vidas e que nem sempre reencarnamos no mesmo sexo. Assim, aquele que hoje é marido poderá, amanhã, voltar na figura de uma filha, ou então a esposa retornar como um filho.

Quem pode saber ao certo com quantas esposas conviveu o marido, durante as outras encarnações? E a esposa, quantos maridos teve? Por isso, nos momentos mais difíceis da convivência no lar, temos de lembrar que, acima de tudo, somos irmãos em convivências de aprendizado espiritual, e que não somos donos de ninguém. Embora possamos, por meio da renúncia, da compreensão e do amor, conquistar alguém com quem caminharemos juntos na eternidade em busca de uma felicidade maior.

Por que tantas dificuldades para convivermos uns com os outros?

Devemos nos lembrar sempre de que o ser humano, segundo as condições em que nos encontramos, não é uma obra acabada. Deus nos deu a essência, mas o acabamento é por nossa conta.

Certa vez, pela manhã, quando o sol banhava a terra com seus raios de luz, e o vento soprava enchendo de vida as plantas do meu jardim, vi uma borboleta sair do casulo e viver os primeiros momentos, após a maravilhosa metamorfose!

Agitou suas belas asas, revelando exuberante colorido que só o pincel da natureza poderia pintar. Revigorada e aquecida pelos raios solares, alçou voo rumo a horizontes mais amplos do que aqueles em que vivia na condição de lagarta.

Ante esse fenômeno maravilhoso, onde a sabedoria divina resplandece em beleza, meditei profundamente sobre a minha vida...

Descobri que ela se assemelha à da lagarta! Se eu continuar me arrastando no egoísmo e deixar-me acomodar na ignorância, meu mundo será sempre pequeno e rasteiro, sem perspectivas de novos horizontes. Porém, se eu tiver a coragem para lutar, e construir o casulo da fé racional, renunciando ao mundo mesquinho que construí sobre os alicerces dos preconceitos, tenho certeza de que, pela conquista da Sabedoria e do Amor, desenvolverei um dia duas asas que me permitirão voar na direção de um mundo melhor e sem fronteiras, onde existe paz, harmonia e felicidade.

Temos de reconhecer que somos Espíritos em experiências humanas, numa condição passageira semelhante à da lagarta. E que guardamos conosco, em estado latente, as qualidades divinas que deverão se desenvolver por meio de uma consistente metamorfose dos nossos sentimentos, a fim de atendermos às sagradas finalidades da vida. Neste contexto, as dificuldades são naturais, úteis ao nosso aprimoramento. Não são apenas os humanos que as enfrentam, mas até mesmo as borboletas experimentam enormes dificuldades para sair do casulo.

Sem o esforço para vencer essas dificuldades, a metamorfose não se completaria, e a borboleta jamais conseguiria voar.

A nossa metamorfose, ao contrário daquela lagarta, não se opera no campo da química, nem tampouco é instintiva. É preciso muita determinação e vontade para transformar a química dos nossos sentimentos, reestruturando as moléculas que compõem as mágoas, o egoísmo, a vaidade e o desamor que atrofiam o processo, impossibilitando a formação das asas da nossa emancipação espiritual.

4

Conceitos sobre o divórcio

O divórcio é solução para os desajustes conjugais?

Vivemos em um mundo cujo período evolutivo ainda é o de expiação e provas. Portanto, nossos estudos relacionados à convivência social e familiar devem se fundamentar nessa realidade. Em face dessa característica, a finalidade da reencarnação neste mundo é, sobretudo, a de reparar e aprender sob o regime de interdependência. É desse ponto de vista que devemos compreender a importância da convivência imposta por circunstâncias aparentemente fortuitas, colocando-nos lado a lado com pessoas nem sempre afins.

O lar é a primeira etapa dessa maratona de expiação e provas. Renascemos entre aqueles com quem necessitamos conviver durante certo período, para avaliarmos nossa capacidade de transformar a adversidade em compreensão e amor.

Nossa ligação pelos laços consanguíneos, reunindo-nos em família, estabelece um clima favorável para alcançarmos a superação das diferenças e desencontros de outrora, consagrando o lar como valioso laboratório de aprimoramento espiritual.

Com raríssimas exceções, a família terrestre reúne em seu reduto Espíritos que fracassaram em convivências anteriores e que, agora, voltam para reverem juntos os acertos e desacertos, buscando a devida harmonização.

A união de dois Espíritos pelos laços do matrimônio, quando despida de outros interesses que não o de constituir uma família com bases no amor que acreditam sentir um pelo outro, atende ao compromisso firmado por ocasião do planejamento no mundo espiritual.

Compromisso este que se consolida em uma nova vida, reunindo os Espíritos por necessidades mútuas muito mais do que por afinidades.

No primeiro instante, quando os Espíritos compromissados se reencontram por meio da reencarnação planejada, o que sentem um pelo outro é um envolvimento emocional que se caracteriza pelas sensações que emanam do subconsciente, onde estão gravadas as sublimes promessas de compreensão, amor e perdão assumidas no mundo espiritual. Somadas essas sensações ao desejo carnal, e interpretadas como amor, acabam induzidos a se unirem pelos laços do matrimônio.

Algum tempo depois de efetivada a união, começa o período de identificação real das necessidades evolutivas do casal. As diferenças ocultas pelo clima pré-nupcial surgem, revelando qual deles está mais capacitado a cumprir as promessas de renúncia, compreensão, amor e perdão.

Em meio às dificuldades de adaptação, comparecem os filhos que amenizam temporariamente as diferenças. Mas, o tempo corre irreversível, o desencontro se acentua e nenhum dos dois quer ceder; ambos reclamam o direito à felicidade. Consequentemente, e infelizmente, o divórcio acaba surgindo como a única solução.

Solução fácil, mas de consequências dolorosas e traumáticas que se estendem ao mundo espiritual.

Tem muita gente iludida com os conceitos de modernidade e que, tentando se livrar do calor da frigideira que poderia fritar e depurar lentamente seus equívocos do passado, acaba caindo diretamente no fogo devastador que irá incinerar seus sonhos construídos na ilusão.

Quais as consequências espirituais do divórcio?

Ao optar ou optarem pelo divórcio, rompe-se o compromisso espiritual e a reencarnação perde o objetivo para o qual foi solicitada.

Qualquer outro relacionamento que irão buscar não atenderá às necessidades evolutivas. Sofrerão sem proveito, endividando-se ainda mais perante a própria consciência. Ao passo que, se desenvolvessem a compreensão, a renúncia e o perdão, acabariam cumprindo a mais importante das finalidades da reencarnação pela qual se matricularam na escola da vida.

Além desses comprometimentos, nos reportamos aos filhos, Espíritos a quem devemos o melhor de nós e cuja felicidade está vinculada à nossa. É inegável que toda a ação do casal se reflete nos filhos, gerando consequências que irão se configurar em agentes modeladores de caráter, cujos efeitos somarão às nossas responsabilidades morais perante eles, refletindo-se em perdas ou conquistas em nosso currículo espiritual.

Para o Espírito em evolução, o divórcio só representa solução quando a relação do casal atinge um nível de desentendimento onde a agressão física se faz presente, ou por questões morais graves que venham a comprometer a segurança e a educação dos filhos. Ou então quando a união não foi legítima e surgiu à conta de outros interesses. Caso contrário, aconselhamos: perseverem um tanto mais.

Como reconhecer os reencontros e convivências programados?

Quase sempre, nas circunstâncias que promovem nossos reencontros, há um envolvimento característico. Em alguns casos, esse envolvimento se apresenta de forma patente, e em outros de um modo um tanto mais sutil, mas sempre revelar a existência de uma imantação que exerce uma força irresistível.

Rosamaria, uma jovem senhora, estava casada há quinze anos e não conseguia engravidar.

Quase todas as noites, porém, sonhava com uma menina em seus braços. A criança aparentava ter uns três anos de idade. E, toda vez que esse sonho se repetia, pela manhã Rosamaria tentava, em vão, lembrar-se de seu rostinho. Ficava muito triste com isso.

Suas amigas faziam as mais diferentes interpretações desse seu sonho. Algumas achavam que era porque jamais teria um filho, por isso não conseguia ver o seu rosto; outras achavam que era um aviso para ela adotar uma criança.

Rosamaria, entre tantas opiniões, chegou a pensar muitas vezes na adoção, mas tinha muito medo de não achar a criança certa e, depois, não conseguir criá-la com o devido carinho. Era uma decisão muito difícil.

Passaram-se três anos e alguns meses do início daqueles sonhos, os quais continuaram se repetindo. Finalmente, Rosamaria optou pela adoção. Começaria a procurar uma menina.

Assim o fez. Visitou vários orfanatos, encontrou muitas meninas e meninos que poderiam ser adotados por ela, mas não sentiu por nenhuma dessas crianças a atração que esperava. Um dia, visitando um orfanato fora da cidade onde morava, perguntou na portaria se havia alguma menina ali que ela pudesse adotar. A freira que dirigia aquela instituição, vendo o seu interesse pela adoção, chamou-a para uma sala ao lado e lhe disse:

— Minha irmã... Fico feliz ao ver pessoas como você, que tiveram a coragem de vencer os preconceitos e optar pela adoção. Com certeza será muito feliz quando encontrar a criança que procura. Espero que seja uma das nossas. Nós temos aqui algumas meninas como a senhora procura, mas devo avisá-la que uma delas, embora um grande número de pessoas já tenha querido adotá-la, se recusa a aceitá-las.

O interessante é que ela afirma que está esperando sua mãe. Diz que a conhece e que um dia sua mãe virá buscá-la. O que mais me surpreende nesse comportamento é que ela está aqui desde o dia em que nasceu. Sua mãe morreu no parto, o que torna impossível que ela realmente a conheça. Sabemos que isso é coisa de criança, logo passa. Mas, para nós tem sido um sério problema. É uma menina muito bonita e inteligente. Estou prevenindo a senhora apenas para que não se decepcione se, porventura, optar por adotá-la e ela, com certeza, recusar, assim como fez outras vezes com outras pessoas que a queriam.

— Muito obrigada. Deve ter sido difícil para essas pessoas. Eu posso vê-las agora?

— Sim. Vamos. Rosamaria entrou na ala das meninas...

Quase todas tinham entre dois e três anos; algumas brincavam na ampla sala e outras estavam nos berços.

Olhou uma por uma das que se divertiam, e até brincou com as pequeninas. Mas, ao se aproximar do berço de uma delas seu coração disparou, a menina olhou firme para ela e perguntou:

— Por que você demorou tanto para vir me buscar?

Muito emocionada, Rosamaria tomou-a junto ao peito e, abraçadas, começaram a chorar.

A freira ficou surpresa e muito preocupada ao assistir a cena. Aproximou-se das duas e, tentando avisar Rosamaria, perguntou à menina:

— Você não está esperando sua mãe vir lhe buscar?

— Esta é a minha mãe! Você não está vendo? Esta é a minha mãe! Eu falei que ela viria me buscar.

A irmã de caridade, tomada de forte emoção, teve que sentar-se e deixar as lágrimas correrem abundantes em seu rosto.

Naquele momento, ocorrera um reencontro que havia sido programado no mundo espiritual.

Este é um acontecimento verídico, onde mais uma vez a vida, seus acontecimentos e fatos, responderam e demonstraram uma realidade mais ampla e mais profunda, que transcende aos sentidos e que só é perceptível para aqueles que têm olhos de ver e ouvidos de ouvir.

5

Conceitos sobre os transtornos psíquicos

Quais são as causas espirituais da depressão?

Com exceção da depressão, que possui uma patologia revelando problemas orgânicos, a insatisfação, a ansiedade e a revolta armazenadas nos refolhos da alma são as principais causas dos males psíquicos que neste século roubam a paz do ser humano, causando-lhe um intenso desconforto espiritual.

Geralmente, o ser humano imaturo e descontente com alguma situação que a vida lhe impõe, por circunstâncias que não consegue compreender, tende a se entregar à depressão. Para muitos, a depressão é uma fuga consciente ou semiconsciente da realidade que rejeita, a qual não consegue administrar com proveito para o seu amadurecimento e para a sua evolução espiritual.

Comportam-se como alunos que se deprimem diante da carga didática que lhe é imposta na sala de aula. Precisamos compreender que a vida é uma escola, e que as circunstâncias e as pessoas com quem convivemos compõem a carga didática ajustada para promover o aprendizado segundo o grau da nossa compreensão e necessidade.

Muitos deprimidos poderão objetar sobre esta colocação, mas essa é uma das características das pessoas que se deprimem facilmente: não aceitam que as causas estão no seu comportamento. Chegam até a se revoltar quando lhes cobramos uma introspecção para reavaliar seus sentimentos.

Certa vez, ao esclarecermos esse lado obscuro da depressão a uma jovem que se fazia acompanhar de sua mãe, ela se transfigurou e reagiu de forma violenta; levantou-se, agarrou brutalmente sua mãe e a foi empurrando para fora, gritando:

— Vamos embora daqui.

Na rua, esmurrou um dos carros estacionados em frente ao local.

Naquele momento, provavelmente nossa irmã se sentiu traída ao ver expostos seus sentimentos ocultos, com os quais manipulava a atenção da mãe e dos familiares, demonstrando, com essa atitude, uma profunda revolta seguida de uma carência afetiva cultivada por um excesso de mimo e permissividade por parte dos pais.

Em outros casos, percebemos que há no depressivo um sentimento contraditório à própria felicidade, sugerindo existir uma ação autopunitiva inconsciente, cujas causas estabelecidas no subconsciente se originaram em vidas passadas.

Como tratar a depressão?

A pessoa que tende à depressão deve procurar estímulos em atividades que possam preencher as horas vazias. Deve cultivar uma integração consigo mesma, avaliando os valores de que dispõe e que muitos ainda não conquistaram. É preciso que reconheça que a vida tem sido generosa para com ela, dando-lhe todo o material de que precisa para construir a felicidade. É muito importante que consiga entender que só podemos ser felizes com o que temos e não com o que sonhamos ou desejamos.

O tratamento se torna difícil por existir múltiplos aspectos com que se configura a depressão, cada um com características específicas.

Todo deprimido apresenta sintomas parecidos, mas as causas são bastante diferentes. Sem o conhecimento das causas, qualquer tratamento pode se tornar infrutífero.

Quando as causas são patológicas, assinalando uma disfunção orgânica, o enfermo deve buscar tratamento na psiquiatria. Mas, quando as causas do descontrole psíquico residem nos refolhos da alma, os medicamentos acabam promovendo uma acomodação por parte do enfermo que procura se eximir da responsabilidade de lutar para vencer em si mesmo as causas que alimentam a depressão.

Quais são as causas da síndrome do pânico?

No estágio evolutivo em que nos encontramos, os distúrbios de comportamento surgem como consequência da nossa negligência no trato dos valores morais e espirituais, os quais deixamos de cultivar durante nossas vidas pregressas. Entre os distúrbios psíquicos que se evidenciam neste século, a síndrome do pânico se reveste de uma característica das mais complexas: o medo de tudo e até mesmo o medo de viver.

O agente atuante e causador desse distúrbio de comportamento, portanto, é o medo.

Mas, o que é esse sentimento?

O medo, durante o período instintivo da nossa evolução, foi um dos agentes psíquicos importantes estabelecidos pela natureza para a sobrevivência e manutenção das espécies. Como todos os impulsos que compõem o psiquismo dos seres, o medo obedece à lei da relatividade, assumindo proporções ajustadas aos períodos evolutivos pelos quais transitamos.

Alguns desses impulsos psíquicos tendem a desaparecer na medida em que avançamos nos caminhos da razão. O medo relativo ainda é um sentimento importante para nos manter distantes dos perigos desnecessários, mas, quando deixamos esse sentimento assumir proporções exageradas, ele se transforma em um agente do desequilíbrio emocional. Se analisarmos melhor, vamos perceber que o medo tem sido o agente para o desenvolvimento de outros sentimentos ainda menos felizes. Senão, vejamos:

A ganância e a usura revelam o medo da pobreza; o egoísmo revela o medo de perder a primazia sobre os outros; o orgulho revela o medo da humilhação; o ciúme revela o medo da traição; a vaidade revela o medo do ridículo; as guerras revelam o medo da própria destruição.

Geralmente, transitamos pelas encarnações sucessivas alimentando esses sentimentos menos felizes em função do medo que sentimos de situações contrárias. Com isso, acabamos polarizando nossa defesa contra o medo e acabamos desenvolvendo sentimentos ainda menos felizes.

Mas a vida é pródiga! A cada oportunidade, ela nos cerca de recursos valiosos para corrigirmos nossos desencontros psíquicos e emocionais. Em determinada encarnação, as feridas interiores se exteriorizam, cobrando-nos tratamento adequado.

A síndrome do pânico, tanto quanto a depressão, surge como um alerta acusando as feridas nos refolhos da alma, causadas pelos sentimentos desajustados, desenvolvidos no trato inadequado dos valores espirituais.

Como vencer o medo?

Em um mundo como o nosso, onde tudo é relativo segundo a compreensão de quem observa, o poder de cura está no reconhecimento da causa. O mais importante no contexto didático que a vida representa é que, em função da necessidade de tratarmos um mal da alma que acabou se exteriorizando, acabamos por exercer a profilaxia de outros males, cujos efeitos ainda não se manifestaram.

Antes de procurarmos a razão do medo, temos de identificar quais sentimentos adotamos até agora para suprimi-lo.

Conscientes disso, trabalhar por uma consistente renovação dos sentimentos menos felizes, que cultivamos na tentativa de superar nossos medos, poderá trazer resultados surpreendentes para a retomada do equilíbrio emocional.

O sentimento de segurança não se estabelece aleatoriamente, é um estado de alma que deve ser construído por meio de uma compreensão mais ampla da nossa natureza espiritual, com a qual poderemos equacionar as causas dos distúrbios que ora nos desequilibram emocionalmente.

O conhecimento espiritual, assim, nos ajuda a desenvolver um estado de consciência que nos dá a coragem para vivermos em qualquer circunstância com que a vida nos envolve.

Uma vez que entendemos que tudo na vida é relativo, o nosso sofrimento também é relativo ao grau da nossa ignorância ou do nosso conhecimento. Em se tratando dos transtornos psíquicos, a ignorância espiritual agrava e perpetua o sofrimento, ao passo que o conhecimento atenua e contribui para a retomada do equilíbrio. O conhecimento espiritual, revestido da fé raciocinada e sentida nas fibras mais íntimas do coração, faz com que o ser humano caminhe sem medo de viver, de conviver e de amar. Nada teme, não se omite e tem a coragem de viver realizando, sem se importar com os "perigos" a que se expõe. Sabe, no seu âmago, que Deus está presente na sua vida e que tudo o que acontece à sua volta é para o seu bem, até mesmo as dificuldades que desafiam a sua capacidade de ser ainda melhor.

Como lidar com o familiar alcoólatra?

A bebida alcoólica, através dos milênios, vem resistindo às mudanças de hábitos e costumes da humanidade, mantendo sempre um índice elevado de consumo. Neste século, é triste registrar que esse vício está se alastrando entre os nossos jovens e até mesmo entre os indígenas, cuja incidência nas comunidades tribais alcança um número alarmante.

O "beber socialmente", inserido na cultura, marca o ponto de partida para um vício que não destrói apenas o indivíduo, mas quase toda a família. Quantos lares desfeitos e crimes cometidos têm como causa a embriaguez?

Estamos vendo mulheres definhando pelo estado de insegurança em que vivem ao lado de companheiros alcoólatras. Os simplistas dirão: abandona! Parece fácil, porém a realidade é mais dura do que se supõe. Na sua maioria, são mulheres cuja preocupação maior é com o futuro dos filhos. Isto as estimula a procurarem meios de ajudar o esposo adoentado pelo vício.

Infelizmente, a cura desse e de outros tantos vícios sempre depende do próprio implicado.

Existem instituições como a dos Alcoólicos Anônimos que prestam relevantes serviços nessa área, mas sem a vontade e a presença do alcoólatra, o tratamento se torna inviável.

Então, fica a pergunta: Como ajudar?

Combater o vício depois de consolidado é muito difícil, mas podemos ajudar na prevenção, não apenas do alcoolismo, como também de qualquer outro vício que hoje prolifera no seio da juventude.

Educação! Esta é a palavra chave!

Hoje, a maioria das crianças é criada sem uma orientação religiosa, consequentemente, elas crescem sem nenhum conceito formado sobre ética e moral, o que acaba contribuindo para que vivam numa pseudo liberdade onde tudo é permitido. O alcoolismo é mais grave do que se imagina. Geralmente o alcoólatra torna-se um instrumento quase inconsciente de Espíritos inferiores que se comprazem com os vícios humanos.

O que embebeda não é o álcool líquido que desce para o estômago, mas sim os vapores alcoólicos que sobem para o cérebro. E é durante esse trânsito que os Espíritos desencarnados, à semelhança de verdadeiros vampiros, sugam os vapores, os quais lhes permitem viver as sensações da embriaguez. Consequentemente, isso leva o encarnado a beber cada vez mais.

Muitas vezes, por trás desses Espíritos viciados se oculta um obsessor vingativo, que se aproveita da situação para levar o encarnado a cometer atitudes que venham a destruir o seu lar e a sua própria vida.

Conta-se uma história segundo a qual um homem, arruinado financeiramente, estava para se suicidar atirando-se de uma ponte. Nisso, surge-lhe à frente um Espírito e lhe diz o seguinte:

— Não faça isso! Eu vou lhe dar toda fortuna de que precisa, mas quero algo em troca.

— Estou desesperado, faço qualquer coisa que me pedir – afirmou o infeliz.

— Quero que espanque a sua irmã e mate a sua mãe.

— Isso eu não faço. Prefiro morrer.

— Está bem! Então quero que, a partir de hoje, você comece a beber todos os dias.

— Isso eu faço! – concordou.

Fechado o acordo, seus negócios começaram a prosperar e ele passou a beber todos os dias.

Certa feita, transcorrido algum tempo, ao chegar alcoolizado em casa à noite, sua irmã o repreendeu. Nervoso, passou a agredi-la ferozmente até deixá-la prostrada no chão. Tomada pelo desespero, sua mãe intercedeu e começou a irritar; ele a empurrou com violência e ela caiu ao lado da filha. Mais tarde, tomada pelo desgosto e pela forte emoção, a pobre senhora veio a desencarnar, vítima de um infarto violento.

Essa estória retrata bem uma realidade que não pode ser ignorada, pois quase todos os dias lemos nos jornais manchetes referindo-se a tragédias bastante semelhantes, onde o indivíduo embriagado ou drogado acaba agredindo ou matando membros da própria família.

É evidente que, em alguns casos, prevalece a índole do indivíduo, que é estimulada pelo álcool e pelas drogas. Mas temos um grande número de viciados que possui uma índole boa, que são pessoas amáveis; porém, sob o efeito das drogas, são envolvidos facilmente pelos Espíritos que acabam por influenciar o seu comportamento, estimulando a violência e a agressividade.

São casos distintos, mas ambos acabam levando o viciado a cometer atitudes cujo efeito nocivo quase sempre tem como vítimas os familiares.

No primeiro caso, o indivíduo quase não sofre, pois expande algo que existe no seu eu mais profundo; não há remorso nem sentimento de culpa. Em alguns casos, o melhor seria separá-lo da família. No segundo caso, o implicado sofre - e muito -, pois acaba fazendo o que jamais desejou fazer. Aqui, o apoio e a compreensão da família são muito importantes e podem ajudá-lo a se libertar do vício.

Se a esposa ou algum parente próximo recorrer ao auxílio da desobsessão, desde que praticada por pessoas verdadeiramente habilitadas e experientes, poderá contribuir sobremaneira no tratamento do viciado.

6

Conceitos sobre homossexualismo e transexualidade

Quais as causas das tendências homossexuais?

A homossexualidade tem sido tema de estudo em todos os campos da ciência. Atualmente, em função do estabelecimento do mapeamento dos genes, os cientistas acreditam que encontrarão na genética as causas das anomalias de que são acometidos os seres humanos, inclusive na área dos transtornos psíquicos e dos distúrbios de comportamento.

Porém, ante a realidade mais ampla de que se constitui a natureza humana, ainda desconhecida pela maioria dos cientistas, não podemos considerar a matéria como causa, mas sim como efeito, cuja causa é o Espírito imortal. Sendo assim, as alterações que ocorrem no corpo físico se originam sob a influência do psiquismo do Espírito que está no comando da máquina orgânica.

Isto posto, qualquer suposição de que um determinado gene alterado pode causar os ditos distúrbios psíquicos é contraditória, pois estes se alteram em função do comportamento psíquico do Espírito que anima esse corpo.

Situando o psiquismo do Espírito como a grande causa dos distúrbios de comportamento, a tendência homossexual pode ocorrer por duas causas: transexualidade ou hábito adquirido em outras vidas.

Enfocando a questão de hábitos adquiridos, Chico Xavier, entrevistado pelo programa Pinga Fogo, na extinta TV Tupi, referindo-se à homossexualidade, afirmou que as guerras de longa duração e o harém na antiguidade estimularam o desenvolvimento de costumes menos construtivos.

Entendemos que não só o harém e as guerras, mas também a promiscuidade em que muitos povos viveram e alguns ainda vivem, as prisões e outras situações em que o ser humano é colocado em prova ou expiação, as quais, nem sempre bem vividas, são fatores a serem considerados.

No caso da transexualidade, ou seja, quando o Espírito opta por trocar de sexo ao reencarnar, podemos considerar este como sendo o grande desafio evolutivo do Espírito que anseia pela sua emancipação dos patamares inferiores da evolução. Porém, nem todos conseguem superar as dificuldades que acabam encontrando para se adaptarem às condições psíquicas que a natureza lhes impõe face ao novo corpo, de sexo contrário ao do seu psiquismo.

O Espírito que sempre realizou suas experiências em um corpo feminino, por exemplo, desenvolveu e consolidou ao longo do tempo um psiquismo equivalente. Assim, ao optar por reencarnar em um corpo masculino, o psiquismo feminino não sofre nenhuma alteração; provavelmente, desde a infância, demonstrará suas tendências e gostos femininos.

De qualquer forma, a transexualidade não impõe ao ser reencarnado a prática da homossexualidade. Embora tenha o psiquismo contrário, o Espírito reencarnado deve seguir os padrões da natureza com os quais foi revestido ou, então, sublimar seus atos direcionando suas energias sexuais para as realizações nobres da vida. Muitos o fizeram e se consagraram nos vários campos da manifestação humana.

A transexualidade é opção?

Muitas vezes, a transexualidade é imposta por necessidades expiatórias. Neste caso, por falta de uma evolução mais consistente no campo das emoções, quase sempre o fracasso surge como um novo ingrediente na somatória das provações que, embora os desvios de metas, acabam acrescentando novas experiências para o Espírito em evolução.

Nesse contexto, surge o transexualismo que, alicerçado pela revolta, pode levar alguns Espíritos reencarnados ao exagero de tentar alcançar artificialmente a transfiguração física do corpo com o qual foi revestido pela natureza.

Nesse processo de revolta, estabelecido nos refolhos da alma, muitos, principalmente no caso dos homens com tendências femininas, reagem assumindo atitudes afeminadas exageradas, transformando-as em um declarado protesto contra a sociedade que os discriminam, o que geralmente agrava o seu sofrimento.

E quando a transexualidade é uma opção do Espírito?

Quando a transexualidade se dá por opção evolutiva, mesmo quando o reencarnante fracassa na prova e se entrega à prática da homossexualidade, o comportamento difere daqueles que reencarnaram em regime expiatório. Podemos reconhecê-los pela sobriedade e respeito com que cultivam suas relações íntimas e sociais, revelando um alto grau de sensibilidade no trato dos valores humanos.

E quando a transexualidade se faz necessária para o cumprimento de uma missão ou de uma prova maior?

Neste caso, vamos encontrar os que conseguiram transcender ao psiquismo, e se sagraram vitoriosos. São muitos os que poderíamos enumerar, mas podemos tomar como exemplo nosso querido contemporâneo, Chico Xavier, que declarou aos amigos ter sido esta última encarnação a sua primeira num corpo masculino.

Ninguém pode negar que Chico era revestido de um psiquismo feminino. Muitos, principalmente alguns jornalistas, no início da sua missão como médium, o consideraram homossexual. Porém, Chico sublimou sua transexualidade e se manteve imune às tendências que lhe impunha o psiquismo consolidado em outras encarnações. Não afrontou a condição que a natureza lhe impôs, a fim de cumprir suas tarefas na Terra. Renunciou ao sexo concentrando suas forças no trabalho que deveria realizar em benefício do esclarecimento humano.

Creio, no meu entender, que Chico Xavier se constituiu num paradigma para aqueles que retornaram para a vida terrena sob o regime da transexualidade. Embora sejamos obrigados a reconhecer que, assim como ele, ao longo da história da humanidade, inúmeros outros seres humanos nos vivenciaram semelhante situação, sublimando suas tendências em ações que lhes cobraram muita renúncia e perseverança.

É possível superar as tendências?

A educação, a partir da primeira infância, surge sempre como a mais eficaz auxiliar na erradicação de tendências e de hábitos trazidos de outras vidas, os quais geralmente se manifestam desde a mais tenra idade. Os pais devem estar atentos às primeiras manifestações do psiquismo com que se caracteriza o comportamento dos seus filhos. Desde cedo, poderão identificar suas tendências e trabalhá-las por meio de estímulos contrários às tendências que poderão imputar-lhe alguns sofrimentos no futuro, ajudando-os no equilíbrio das suas emoções. Se, apesar de todo o esforço, nos surpreendermos com a homossexualidade em família, devemos ter, para com ele ou ela, toda a nossa compreensão, apoio e carinho.

7

Conceitos sobre a perda de entes queridos

Como superar a dor da perda de um ente querido?

Hoje percebemos profundas alterações no comportamento das pessoas diante da morte. Já não se vê nos velórios ninguém se descabelando aos gritos e nem pessoas desmaiando diante da mortalha do ente querido. Isto revela que, aos poucos, a revolta e a indignação vêm cedendo lugar a um sentimento de perda mais compatível com a realidade, onde a morte passa a ser reconhecida como uma fase natural da vida.

Na verdade, não perdemos nossos entes queridos na morte, mas sim durante a vida, quando comparece em nosso comportamento a indiferença, o descaso na educação dos filhos, a permissividade, o apego doentio e excessivo podando a liberdade, a ingratidão e o desrespeito para com os nossos familiares, são esses comportamentos infelizes que nos separam daqueles que optaram por viver conosco sob os laços consanguíneos, a quem chamamos de entes queridos.

Onde encontrar consolo para a dor da separação?

Só a verdade, revelando as causas que originaram a dor que nos aflige, pode realmente oferecer consolo.

Muitos buscam nas mensagens psicografadas o consolo para a dor da separação, mas os médiuns especiais, com a capacidade de recebê-las com conteúdo consistente, são raríssimos, sobrando apenas os que praticam uma psicografia subjetiva que acaba por juntar a dor da dúvida à dor da ausência do ente querido. O caso que narramos a seguir retrata bem essa situação.

Antes de desencarnar, o senhor Gouveia redigiu em cartório um testamento legando todos os seus bens para sua esposa e, na falta desta, para os filhos Palmira, de dezoito anos, e Bruno, de vinte.

Viúva, a senhora Gouveia passou a administrar os bens da família, o que sabia fazer muito bem, exceto quando se tratava de administrar os problemas que constantemente envolviam os filhos. Bruno, desde criança demonstrava forte aversão pela irmã, por isso as brigas eram constantes.

Com a morte do pai, o relacionamento entre os dois piorou. Palmira sofria muito, já que o irmão facilmente manipulava os sentimentos da mãe contra ela. Aliás, a senhora Gouveia sempre demonstrara um apego maior pelo filho.

Apesar dos problemas no lar, Palmira era uma jovem alegre e comunicativa. Certo dia, conheceu um rapaz, Marcos, por quem se apaixonou. Ao apresentá-lo à mãe e ao irmão, teve uma surpresa. Os dois se opuseram ao namoro, alegando que o jovem era um "joão-ninguém", e que jamais consentiriam o casamento. Ela sofreu muito, pois não esperava tal reação, mas, apesar disso, manteve o namoro com Marcos. Esperava um dia conquistar pelo menos a aprovação da mãe. Em pouco tempo, descobriu que todo o esforço era inútil. Bruno fizera-se inimigo também de Marcos a ponto de várias vezes ameaçá-lo com violência.

Palmira, muitas vezes, recorreu à senhora Gouveia:

— Mamãe! Bruno esta ameaçando o Marcos. A senhora não vai tomar providências?

— Bruno está certo. Você precisa romper esse namoro. Não vê que esse rapaz está interessado apenas no nosso dinheiro?

— Eu o amo! A senhora não entende?

— Não. Não entendo. Como você pode amar alguém que nada tem para lhe oferecer? Não vê que o Bruno tem razão? Que esse rapaz é um aventureiro?

Essas discussões se repetiram até que, um dia, Palmira, não aguentando as pressões sofridas no lar, fugiu com o rapaz, casando-se logo em seguida.

Com a ausência da irmã, Bruno passou a desfrutar à vontade dos bens da família. Sua mãe satisfazia-lhe todos os desejos.

Um ano depois, Palmira e o esposo atravessavam sérias dificuldades. Dona Ritinha, uma velha amiga da família, sabendo do caso, procurou a senhora Gouveia e contou-lhe o que estava acontecendo. Tocada nos sentimentos de mãe, confiou à amiga uma razoável soma de dinheiro para que fosse entregue à filha.

Bruno acabou descobrindo e insurgiu-se contra ela:

— A senhora não devia ter feito isso! Palmira não tem mais nenhum direito nesta casa! Eu vou até a casa dela dizer umas verdades àquele vagabundo que vive com ela.

— Espere! Não vá, meu filho!

Bruno não deu ouvidos à mãe e saiu, nervoso. Logo depois veio a notícia. Havia perdido o controle do carro, chocando-se contra um poste a poucas quadras dali. O acidente fora fatal.

A senhora Gouveia entrou em estado de choque e teve de ser socorrida às pressas. Passados os instantes traumáticos do acontecimento, foi realizado o velório. Sob fortes sedativos, recebeu os pêsames dos amigos, parentes e vizinhos...

Tudo parecia estar sob controle, até que Palmira e Marcos entraram na sala do velório. Ao vê-los, a senhora Gouveia começou a gritar:

— Vocês são os culpados dessa tragédia! Saiam daqui! Não quero vê-los nunca mais!

Dona Ritinha tentou acalmá-la, mas não conseguiu. Palmira estava em prantos, tentou argumentar, mas foi em vão. Aconselhados por dona Ritinha, retiraram-se.

O tempo passou...

A senhora Gouveia não aceitava a morte do filho. Tentou encontrar resposta à sua dor na religião; passou por quase todas, até chegar ao espiritismo. Acompanhada de uma amiga, peregrinava pelos Centros Espíritas em busca de uma mensagem de Bruno, até que um dia recebeu um bilhete dele por intermédio de uma pessoa que psicografava:

"Mamãe eu estou bem, já estou me adaptando ao mundo para o qual fui chamado."

— Isso é muito pouco, preciso que escreva mais para que eu possa senti-lo ao meu lado – afirmou para a amiga que a acompanhava.

Com esse propósito, passou a participar de vários Centros Espíritas que realizavam o trabalho de psicografia. Em pouco tempo, acumulava dezenas de mensagens e bilhetes do filho.

Quase dez anos se passaram da morte de Bruno. Palmira ficara grávida. Nas vésperas de dar à luz, procurou a mãe para pedir-lhe que a acompanhasse ao hospital, pois estava sentindo muito medo. A senhora Gouveia recebeu-a sem muito agrado, demonstrando a mágoa ainda contida no coração.

— Amanhã não posso. É dia de reunião no Centro e, com certeza, Bruno vai escrever-me. Peça ao teu marido que te acompanhe.

Decepcionada e com lágrimas nos olhos, Palmira voltou para casa. No dia seguinte, foi ao hospital e deu à luz um lindo menino.

Em função do desgosto e do esforço do parto, adoeceu. O esposo, sem ter a quem recorrer, não hesitou; acompanhado de dona Ritinha, procurou a sogra.

Depois de muito argumentarem, conseguiram convencê-la a ajudar. A mãe de Palmira, então, aceitou que a filha, o esposo e o neto fossem morar com ela.

Assim foi feito.

Passaram-se alguns meses e parecia ir tudo bem, até que um dia, ao retornar da reunião de psicografia, a senhora Gouveia começou a reclamar em voz alta:

— Eu sabia que isso ia acontecer! Bastou vocês mudarem para cá que o Bruno parou de escrever! Eu tinha certeza que ele não iria gostar que vocês viessem morar aqui.

Palmira, ainda convalescendo da enfermidade, sentiu-se profundamente magoada. À noite, porém, conversando com o marido, decidiu que não mudaria dali, afinal, tinha todo o direito àquela casa. E foi o que fez.

Os anos foram passando... A senhora Gouveia tornou-se uma mulher amarga e de pouca conversa; nem mesmo o netinho conseguia fazê-la sorrir. Vivia a maior parte do tempo trancada em seu quarto, relendo as mensagens de Bruno. Certa feita, o menino surpreendeu-a soluçando sobre as mensagens:

— Vovó, por que você está chorando? O que são esses papéis?

— Esses papéis são cartas do meu filho.

— Onde está o seu filho?

— Ele está no céu. Agora vai para junto de sua mãe e deixa a vovó em paz.

Dizendo isto, pegou-o pelo braço e o colocou para fora do quarto.

Assim foi a convivência da senhora Gouveia com a filha, o neto e o genro. Isto, porém, não perdurou muito. Pouco tempo depois, vítima de um infarto agudo do miocárdio, a velha senhora desencarnou.

Seu corpo foi sepultado, mas em Espírito continuou na casa. Mal se deu conta do acontecido, até que seu avô paterno veio ao seu encontro, inteirando-a da situação. Custava a acreditar no que seu avô lhe dizia. Desesperou-se.

— Calma, minha filha! O que você deve fazer agora é vir comigo.

— Para onde? – perguntou.

— Vamos para um plano onde nossa família espiritual se abriga.

— Bruno está lá?

— Não. Não está.

— Então, eu não vou. Só saio daqui para ir ao seu encontro, e é o que vou fazer agora mesmo.

Desesperada, saiu em direção à rua. Durante muito tempo caminhou a esmo, chamando pelo filho. Visitou os Centros Espíritas que conhecera e ali se manifestou por meio dos médiuns, pedindo que ajudassem a encontrar seu filho.

Depois de muito perambular, voltou para casa. Novamente seu avô veio ao seu encontro. Ao vê-lo, ajoelhou-se aos seus pés e implorou:

— Por favor, leve-me ao encontro do meu filho!

— Vem, eu vou levá-la até ele. Passando o braço sobre seus ombros e segurando a sua mão, conduziu-a até o quarto ao lado daquele em que estavam e, apontando para o netinho que dormia, afirmou:

— Eis o seu filho!

— Meu filho? Como isso é possível?

— Bruno desencarnou graças aos desígnios de Deus, pois no acidente resgatou o delito cometido numa outra encarnação, quando tirou a vida da Palmira. Na vida presente, mesmo renascendo como irmãos, Bruno ainda mantinha o ódio no coração. Quem sabe agora, como filho dela, conseguirá superar esse ódio e transformá-lo em amor.

— E as mensagens que eu recebi tantas vezes, pela ação dos médiuns?

— Aquelas mensagens foram geradas pelo seu psiquismo que atuava sobre a pessoa que se supunha intérprete dos desencarnados. O espiritismo, que deveria renovar-lhe a alma, para você só existiu em função das mensagens que desejava receber do Bruno.

Naquele instante, a senhora Gouveia agarrou-se ao netinho e em prantos começou a gritar:

— Meu filho... Meu filho... Perdoa-me, perdoa-me!

É possível, a um ente querido que partiu muito cedo, retornar ao convívio da família em uma nova reencarnação?

Sim! E é muito comum um bisneto ser a reencarnação do bisavô, e até mesmo o avô pode retornar como neto de si mesmo.

Quantas mães que perderam seus filhos em tenra idade os tiveram de volta na figura de um novo filho! A seguir vou narrar um fato verídico que retrata um acontecimento que pode trazer um grande esclarecimento.

Paulo e Roberta conheceram-se na faculdade. Os dois tinham tantas coisas em comum que acabaram descobrindo que não poderiam viver separados. Casaram-se. Ele se formou em engenharia, ela em pedagogia. Após construírem a casa dos seus sonhos, passaram a viver momentos de muita alegria. Faltava agora realizar o segundo sonho - ter um filho. Estava difícil, pois ela tinha um problema uterino. Entretanto, depois de alguns tratamentos, finalmente foi gerado o primeiro filho. Grávida de dois meses, Roberta não conseguia disfarçar a felicidade que estava sentindo.

Porém, junto com essa felicidade, surgiram momentos de preocupação. Ocorre que, no quinto mês de gestação, o médico advertiu o casal para o fato de que aquela era uma gravidez de risco, pois havia constatado um agravamento das anomalias no útero.

Sob rígida dieta e repouso, Roberta conseguiu cumprir os nove meses de gestação. No dia 25 de março de 1975, submetendo-se a uma cesariana, deu à luz um lindo e forte menino.

No momento em que mãe e bebê recebiam a alta hospitalar, o médico que os assistira informou ao casal que não poderiam mais ter filhos, devido ao problema que havia se apresentado.

A felicidade deles era tanta, que pouca importância deram à notícia.

O lar estava agora em clima de festa! Deram ao menino o nome de Ricardo.

Os anos se passaram...

Ricardinho começara a frequentar o pré-primário. Roberta o adorava! Quase sempre contemplando a criança com um olhar cheio de ternura, afirmava:

— Este é o meu filho! Meu único e adorado filho!

Realmente, Ricardinho era um menino muito inteligente. Muitas vezes, ao retornar da escolinha, surpreendia Roberta com afirmações interessantes.

— A Tia Luiza não sabe ensinar outra coisa a não ser escrever nomes, e eu já estou cansado disso, quero aprender outras coisas.

— Que outras coisas gostaria de aprender?

— Tudo. Ler e escrever bastante coisas.

— Está ótimo! Eu vou ensinar a você. Afinal de contas, a mamãe também é professora.

Roberta começou a ensiná-lo, e ficou surpresa ao ver com que facilidade ele aprendia.

Todos que o conheciam, o adoravam. Janice, a jovem empregada do casal, tinha verdadeira paixão pelo menino; tratava-o como se fosse seu próprio filho.

Certo dia, como fazia todos os domingos, Roberta preparava um bolo. Ricardinho, como sempre, ficou bisbilhotando a mãe na cozinha, acompanhando seus movimentos. Em dado momento, começou a sentir-se mal. Quando Roberta percebeu, estava caído inerte no chão. Desesperada, chamou o marido e correram com ele para o hospital.

A tragédia se abateu sobre aquele lar...

Ricardinho havia sofrido um ataque cardíaco provocado por uma deficiência coronária congênita. Com grave lesão no coração, tinha poucas chances de sobreviver.

Junto ao seu leito, Roberta chorava copiosamente. Só Deus sabia a dor que estava sentindo naquele momento. Ricardinho, quase sem forças, ainda conseguiu confortá-la:

— Mamãe! Não chore. Se eu morrer, vou falar para o Papai do Céu que eu não quero ficar lá; vou pedir para voltar e Ele vai deixar, você vai ver.

Naquele momento, fechou os olhos para sempre. Roberta quase enlouqueceu. Graças ao amparo do esposo e de Janice, no entanto, conseguiu superar os momentos mais difíceis.

Três anos se passaram...

O lar continuou regado a lágrimas. Vez ou outra, Roberta sonhava com Ricardo brincando pela casa. Depois de algum tempo, mudaram-se para um apartamento, tentando fugir das lembranças. A mudança fez bem a ela, que agora estava mais calma e menos triste.

Algum tempo depois, Janice adoeceu. Roberta, preocupada, levou-a ao hospital. Depois de passar pelos exames preliminares, ficou internada. Dois dias após a internação, o médico que assistiu Janice, informou:

— Dona Roberta, a moça está muito doente. Está com o Mal de Chagas em um estágio muito avançado. Precisa de um tratamento rigoroso para que possa levar a gravidez até o final sem maiores problemas.

— Ela está grávida? – perguntou Roberta, visivelmente transtornada.

— Sim. Está grávida de três meses.

— Ela precisa ficar internada?

— Não. Hoje mesmo vou lhe dar alta. O tratamento e os cuidados necessários poderão ser aplicados em casa. Roberta, bastante apreensiva, aguardou que fosse confirmada a alta de Janice e, logo após, retornaram à casa. Janice passou todo o dia calada. Roberta, percebendo sua tristeza, afirmou, tentando reconfortá-la:

—Não se preocupe, vamos ajudá-la. Eu e Paulo devemos isso a você. Por que não me contou que estava grávida?

— Não queria preocupá-la.

— Quem é o pai?

— É um moço que eu conheci quando fui passear em Aparecida do Norte. A gente começou a brincar e acabou acontecendo. Eu não sei quem é ele, só sei que é muito bonito.

Percebendo a inocência de Janice, Roberta limitou-se a encorajá-la. Paulo também foi solidário. A partir daí, os dois passaram a tratar de Janice.

Transcorrido o tempo de gravidez, a moça deu à luz um lindo menino. O parto ocorreu dentro das normalidades possíveis que o seu estado de saúde permitia. Novamente aquele lar passou a viver momentos de festa! A criança era muito bonita e se tornara alvo da atenção do casal.

Após algumas semanas da alta hospitalar, Janice começou a apresentar uma debilidade muito grande. Roberta comentou com Paulo e ele resolveu levá-la ao médico.

Janice foi internada novamente. Segundo os médicos, seu estado de saúde era muito grave.

Depois de alguns dias, o diagnóstico se confirmou. Janice veio a falecer.

Moça sozinha, sem parentes conhecidos, Roberta teve de providenciar o seu sepultamento. Ao procurar pelos documentos da jovem, em meio aos seus pertences encontrou uma carta com os seguintes dizeres:

"Dona Roberta, pelo amor de Deus! Se eu morrer, cuida do meu filho. E, se puder, ame-o como eu amei o seu."

Profundamente emocionada, Roberta chorou durante horas.

Depois do sepultamento, ela e o esposo discutiram a situação:

— E agora, o que vamos fazer? – perguntou ao marido.

— Não há outra coisa a fazer senão adotarmos o menino – afirmou Paulo.

Roberta, naquele momento, lembrou-se do seu filho, Ricardinho. Não seria uma traição colocar outro no seu lugar? – indagou a si mesma.

Diante do seu silêncio, Paulo inquiriu:

— Então, o que vamos fazer?

Hesitante, acabou concordando com a adoção. No dia seguinte, registraram a criança como filho legítimo e o batizaram com o nome de Marcos. Com o passar do tempo, Roberta afeiçoou-se ao menino, entretanto, ainda sofria a perda de Ricardo. Marcos, a cada dia demonstrava uma inteligência fora do comum.

Aos quatro anos, conversava como gente grande. Certa noite, quando Roberta o colocava no berço, ficou surpresa ao ouvi-lo afirmar:

— Eu gostava mais da outra casa.

— Que outra casa? - perguntou Roberta.

— Aquela que tinha um quintal grande.

— Durma. Você está falando bobagens.

Saiu do quarto, muito intrigada com a conversa dele. Na sala, comentou com o marido.

— Isso é coisa de criança - afirmou Paulo.

O tempo foi passando...

Todas as noites, Marquinhos a deixava confusa com as suas afirmações. Certa noite, ela estava vivendo um momento de muita saudade de Ricardinho e, ao colocar Marquinhos no berço, começou a chorar...

— Mamãe, não chore! Eu quero te fazer um pedido, posso?

— Pode sim! O que você quer?

— Quando eu crescer mais um pouco, posso voltar para a escolinha da Tia Luiza?

Naquele instante, Roberta viveu uma emoção muito forte, como se o seu corpo tivesse recebido uma descarga elétrica. Então, não teve dúvidas; Marquinhos era a reencarnação do seu amado filho. Ainda emocionada, abraçou Marquinhos e chorou durante horas, com a criança agarrada aos seus braços.

Durante algum tempo, Marquinhos manteve algumas lembranças de quando era Ricardinho, o que acabou convencendo também o Paulo de que ele era realmente a reencarnação de seu querido e saudoso filho. Somente aos seis anos de idade tais lembranças se apagaram definitivamente. Roberta, entretanto, jamais esqueceria.

Afirmava constantemente:

— Este é o meu filho! Meu único e adorado filho!

8

Existem almas gêmeas?

A crença na existência de almas gêmeas nasceu da mitologia, segundo a qual os deuses separaram o lado feminino e o masculino dos seres humanos, condenando-os a vagarem infelizes até se reencontrarem para, então, consolidarem a felicidade.

Crer na existência de almas gêmeas significa abdicar do bom senso e da razão, pois, se assim fosse, a nossa felicidade não dependeria apenas do nosso esforço, contrariando as leis divinas que garantem que será dado a cada um segundo suas obras.

O Espírito humano, no trajeto evolutivo, é ligado a outros Espíritos por afinidades que os atraem em laços de simpatia, unindo-os para uma convivência necessária, disponibilizando para ambos experiências úteis, porém, os laços que os unem, nem sempre pairam em patamares morais elevados, muitas vezes as afinidades e a simpatia se sustentam em paixões que se identificam, formando um elo tão intenso que acaba suscitando a ideia de que são almas gêmeas.

Quantas pessoas, iludidas com os conceitos de almas gêmeas, deixaram seus compromissos espirituais com o lar, acreditando ter encontrado a sua outra metade.

Somos almas gêmeas de Deus. Quando alcançarmos a perfeição; amaremos a todos na mesma proporção com que Deus nos ama.

9

Quando o amor se torna obsessão

Consequências do amor obsessivo

Em nossas relações familiares, o amor obsessivo e possessivo comparece como o grande vilão, desencadeando uma relação que aos poucos distancia de nós os entes que acreditamos amar. Geralmente, desse sentimento desequilibrado, surgem sequelas que exigirão várias encarnações reparadoras para extingui-las.

Vou transcrever um caso que retrata bem o resultado desse sentimento desequilibrado, o qual gerou consequências dolorosas que repercutiram no mundo espiritual, reclamando da misericórdia divina, uma ação socorrista das mais surpreendentes. Este caso foi extraído do livro Autistas do Além, psicografado por mim e que tem como autor o Espírito Eduardo, um jovem que desencarnou em um acidente de moto e que, no outro lado da vida, se integrou às equipes socorristas da colônia espiritual onde passou a residir.

Sua narrativa:

Rompia a aurora, clareando os horizontes, quando fomos chamados pelo coordenador das tarefas socorristas. Atravessamos os jardins que circundam o edifício central de nossa Estância. As flores, naquela manhã, irradiavam coloridas e pujantes vibrações que se traduziam em nossos Espíritos como hinos de esperança, incentivando-nos ao trabalho edificante. Venâncio, sorridente como sempre, nos recebeu à porta do seu gabinete, abraçando-nos carinhosamente.

— Então, meus jovens! Estão dispostos a uma nova empreitada de amor?

— Onde conseguiremos tal amor? – indagou Afrânio, o orientador da nossa equipe, demonstrando o seu constante bom humor.

Venâncio sorriu e afirmou:

— O amor é uma força que todos possuímos! Apenas não temos aprendido a aplicá-la ao encontro de suas finalidades superiores. Encontramo-la desequilibrada nas paixões, perturbada no ciúme, transfigurada no ódio, controvertida no egoísmo e, finalmente, sublimada nos anjos. Somente quando aprendermos a direcioná-la, equilibrada em grandes ou pequenas parcelas na direção do bem geral, é que começará a agir em nosso próprio benefício. O Evangelho, no seu contexto, apresenta-nos o amor como a solução final para todos os problemas da humanidade. É o amor emanante de Deus que sustenta todos os reinos de vida, desde o micro até o macrocosmo; quando todos nos ajustarmos a esse amor, contribuindo para o equilíbrio geral da criação, nosso coração estará pulsando em sintonia com o coração do universo.

Afrânio olhou para nós, demonstrando admiração pelas palavras de Venâncio. Este, registrando a nossa emoção, continuou:

— Enquanto ensaiamos esse amor, apliquemos os recursos de que no momento dispomos na direção daqueles que recorrem aos benefícios das nossas tarefas. Temos em mãos um relatório de informações sobre um jovem, vítima de um acidente que promoveu seu retorno às nossas esferas. Apesar de toda assistência recebida em nosso plano, envolveu-se em profunda depressão, agravada pelo sentimento de saudade de sua mãe que acabou arrastando-o ao ambiente doméstico, onde se encontra há mais de um ano, sob o domínio da obsessão. Parentes há muito desencarnados tentaram, por todos os meios possíveis, trazê-lo à realidade à qual rejeita, fechando-se no mundo que imprevidentemente criou para si.

— Quando devemos iniciar o nosso trabalho? - perguntou Afrânio.

— Imediatamente. Já comuniquei ao encarregado do seu pavilhão, que manterá contato permanente com vocês, para atender aos recursos que solicitarem no decorrer do tratamento. No lar em questão, contarão com a colaboração de Artur, um Espírito amigo da família.

Após entregar-nos o relatório e fazer as devidas recomendações, Venâncio proferiu uma prece, solicitando o amparo das esferas superiores durante o tempo que permaneceríamos na crosta.

De posse das informações contidas no relatório, nos dirigimos ao local. Esse local era por todos nós conhecido, pois tanto eu quanto Afrânio e Décio havíamos residido em São Paulo. A casa demonstrava pertencer a uma família de classe média - paredes externas revestidas, pequeno jardim e uma garagem gradeada até o alto da laje.

Entramos...

Na sala, uma menina de uns oito anos, deitada no tapete, coloria algumas figuras desenhadas no papel.

— Esta é Eliza - falou Artur, saindo de um dos aposentos — a irmãzinha de Raul. Sejam bem-vindos ! Esperava ansioso a chegada de vocês.

— Eu sou Afrânio; estes são Décio e Eduardo.

Depois de trocarmos algumas palavras próprias de momentos como este, Artur nos convidou:

— Venham, vou lhes mostrar a casa.

Acompanhados pelo nosso anfitrião, fizemos um reconhecimento em todos os cômodos. Na cozinha, encontramos Júlia que, segundo Artur, era uma dedicada senhora que servia à família há muitos anos. Quando nos aproximamos, pareceu registrar nossa presença. O casal estava ausente; Renato, pai de Raul, estava trabalhando, e Elisete, a mãe, havia ido ao cemitério como fazia todas as semanas. Por último, nos conduziu ao quarto que pertencera a Raul. As paredes estavam forradas de pôsteres próprios da juventude. As roupas, os sapatos e tênis estavam dispostos pelo quarto como se ainda fosse habitado pelo jovem. O aparelho de som e as fitas denunciavam seu gosto pela música moderna.

Artur, demonstrando tristeza, falou:

— Elisete passa horas neste ambiente, envolvida em recordações que lhe afetam profundamente a saúde. Esse comportamento favorece e acentua a sua ligação com o Espírito Raul, que se compraz nessa situação. Sei dos compromissos assumidos por Raul antes de reencarnar nesta última romagem pela Terra. O tempo em que ele se demora enfermo ameaça-o com sérios comprometimentos para o futuro. Foi por esse motivo que recorri a Venâncio, solicitando ajuda à Estância de Amor.

Notando a preocupação de Artur, coloquei meu braço sobre seus ombros e informei-lhe:

— Não se preocupe! Temos em nosso favor, além do apoio total da nossa colônia, os préstimos abalizados de Afrânio que, apesar da condição de jovem com que se apresenta, é um Espírito de muitas experiências, conhecedor profundo das emoções humanas, e que nos tem surpreendido com resultados dos mais expressivos no campo da Psiquiatria. Isto justifica a total confiança que Venâncio deposita em seus préstimos. Basta que nos empreste sua colaboração para que alcancemos um final feliz sob o amparo de Jesus.

Afrânio meneou a cabeça, retrucando:

— Não leve em conta a bondade com que Eduardo faz suas referências a mim. Vamos nos acomodar, pois você tem muitas informações que devemos ouvir. Conte-nos sobre o relacionamento de Raul com sua mãe.

— Desde o nascimento do rapaz, Elisete demonstrou por ele um zelo excessivo. Tratava-o como se fosse um bebê frágil, resguardava-o das repreensões do pai, encobrindo suas faltas. Ele, por sua vez, se submetia à mãe num regime de dependência que perdurou até os dezenove anos, quando aconteceu o acidente. Esse relacionamento gerou em Raul uma timidez que o impedia de realizar grandes investidas no mundo lá fora, passava a maior parte do seu tempo confinado no quarto, estudando ou ouvindo música. Por volta de sete meses antes do acontecido, conheceu uma jovem por quem se apaixonou. Quase todos os dias, ia ao seu encontro. Pensou muitas vezes em falar a respeito com a mãe, mas temia uma represália por parte dela, então ocultou seu romance, levando consigo o segredo.

— E Renato? – perguntou Afrânio.

— Renato apegou-se mais à menina. Embora amasse Raul, o relacionamento entre os dois era bastante difícil.

— O processo obsessivo ocorreu após quanto tempo do desencarne? – perguntei.

— Logo depois do acidente, Raul foi recolhido pelos braços do bisavô paterno e conduzido a um hospital próximo da crosta. Ali recebeu tratamento adequado até quando recobrou a consciência. Informado pelo bisavô da nova situação, sofreu algumas crises que foram superadas com muito esforço dos benfeitores da instituição benemérita que o acolheu. Segundo me informou Elpídio, o bisavô, tudo marchava para a normalidade. Raul, embora muito abatido em suas forças, parecia aceitar bem a nova condição em que se encontrava, até que começou a registrar o desespero de Elisete, cujos gritos angustiados chegavam até ele como um bombardeio nas suas forças psíquicas, abalando profundamente sua organização espiritual. Então, um dia, projetou-se alucinado ao encontro dos apelos da mãe, vindo instalar-se junto dela onde permanece até hoje. Isso ocorreu quatro meses após o desenlace, período que Elisete passou totalmente fora de si, acometida de crises constantes de desespero, vindo a acalmar-se aparentemente após Raul ligar-se a ela.

— Muito bem, Artur – disse Afrânio. — Tais informes nos são de extremada valia. Aguardemos a chegada de nossa irmã, a fim de colhermos as impressões do caso. Esperamos corresponder às suas expectativas no que se refere ao bem-estar dos seus tutelados.

Era pouco mais de onze horas, quando Elisete retornou ao lar. Estávamos diante de uma jovem senhora que, apesar do semblante perturbado, demonstrava traços de uma beleza singular. Raul agarrava-se ao seu perispírito à semelhança de uma sombra vinculada aos seus movimentos. Sua mente demonstrava intensa atividade, irradiando sobre o córtex cerebral da mãe e estabelecendo uma estranha simbiose. Décio tentou fazer-se sentir por ele, mas não conseguiu, o que caracterizou o estado profundo de obsessão em que se projetou. As palavras nada significavam, nem interferiam no seu comportamento. Aproveitando um momento em que Elisete se acomodara no sofá para descansar da caminhada ao cemitério, Afrânio aproximou-se sondando-lhe o íntimo.

— Raulzinho, meu filho, você não pode me deixar, eu preciso de você! Deus nos traiu, jamais vou aceitar nossa separação! Deus não foi justo...

— Eu estou aqui, mamãe – respondeu Raul. — Ninguém vai nos separar, ninguém! Vou ficar com você para sempre...

Após ouvir esse diálogo mental, Afrânio voltou-se para nós, concluindo:

— Estamos diante de um caso bastante delicado. No campo da fé, dispomos de quase nenhum recurso, visto que nossa irmã não demonstra nenhuma tendência religiosa. Você, Artur, já tentou aproximá-la de alguém que pudesse ajudar com os recursos da Doutrina Espírita? – perguntou.

— Sim, mas foi em vão. Ela rejeitou os préstimos de uma senhora amiga da família que tentou conduzi-la a um núcleo de trabalhadores próximo daqui.

— Precisamos realizar uma incursão ao pretérito do nosso irmão – disse Afrânio — com o objetivo de amealharmos recursos que nos possibilitem resgatá-lo do mundo construído nas vibrações doentias de sua mãe. Vou retornar à Estância de Amor. Enquanto isso, eu pediria a você, Artur, para conduzir Décio e Eduardo até a residência da jovem a quem Raul dedicou sua atenção quando encarnado, a fim de colherem informações que nos possam ser úteis.

Conduzidos por Artur, chegamos a uma residência de características humildes, porém bastante ampla, um antigo casarão.

— Aqui mora Elza, uma mocinha de dezoito anos, filha mais velha do casal. Ela trabalha não muito longe daqui; chega em casa sempre por volta das seis e meia da tarde. Raul quase todos os dias a apanhava no trabalho, acompanhando-a até o portão de sua residência onde ficavam horas conversando. Ele tinha por ela extremado carinho.

Entramos na casa...

Fomos recebidos por irmã Clara, um Espírito dedicado àquela família, que demonstrou conhecer Artur.

— Como vai, meu querido irmão ? O que o trouxe desta vez à nossa casa?

— Trago comigo dois companheiros que vão colaborar no tratamento do Raulzinho.

— Pobre menino, vejo que não consegue libertar-se dos laços com que sua mãe o envolve. Ponham-se à vontade e digam-me como posso ajudá-los.

— Irmã Clara - disse Artur — precisamos de algumas informações sobre Elza. Estes são Décio e Eduardo, eles vão lhe fazer algumas perguntas.

— Pois não - atendeu solícita a senhora.

— Precisamos saber como Elza reagiu quando se inteirou do acidente - perguntei.

— Sofreu muito, pobrezinha, ficou abatida durante meses, mas com o auxílio de todos tem conseguido superar, embora a tenha surpreendido em alguns momentos relembrando seus dias felizes com ele.

— Ela tem alguma fé religiosa?

— Ela andou lendo alguns livros espíritas e, algumas vezes, tem ido assistir palestras na Federação, principalmente depois que Raul retornou ao nosso plano.

— Muito obrigado, irmã Clara – agradeci. — Foram de muita valia tais informações. Se nos permitir, retornaremos logo mais à noite acompanhados de Afrânio, o nosso orientador.

— Serão bem-vindos!

Despedimo-nos e dali retornamos à residência que, desde cedo, se tornara nosso ambiente de trabalho. Renato, um senhor bastante simpático, regressou ao lar por volta das dezenove horas. Entrou, beijou a fronte da esposa, abriu os braços à Eliza que correndo atirou-se em seu colo, envolvendo-o carinhosamente com seus beijos de criança. Dirigiram-se para a cozinha onde Júlia terminava os preparativos para o jantar. Sentaram-se à mesa depois da higiene habitual. Nós nos colocamos na posição de espectadores, acompanhando o colóquio familiar.

— Elisete, querida – falou Renato, demonstrando sua preocupação com a saúde dela – você precisa parar de tomar os calmantes.

— De jeito nenhum! Você sabe que eu não posso ficar sem eles. Mesmo tomando-os, tenho dificuldades para dormir - respondeu um tanto contrariada.

— Você precisa se distrair, visitar as amigas, seus pais... Por que não pega Eliza e vai dar um passeio até a casa de dona Florinda, que sempre se mostrou muito amiga?

— Para quê? Para ficar ouvindo suas "baboseiras", tentando me convencer do espiritismo?

— Este seu comportamento não vai mudar em nada o que já aconteceu, e tampouco trará Raul de volta. Você precisa dedicar maior atenção à Eliza, principalmente agora que começou a estudar; seu carinho torna-se imprescindível, neste momento em que ela começa a descortinar um mundo novo no vaivém da escola.

Elisete olhou demoradamente para a menina, seus olhos umedeceram, e por alguns momentos percebemos afrouxarem-se os laços que a uniam a Raul. Este imediatamente reagiu, imprimindo maior influência sobre ela que logo se transfigurou.

— Não admito que fale assim comigo, nunca faltei com minhas obrigações com você e tampouco com ela.

Dizendo isso, levantou-se e foi para o quarto que pertencera a Raul, e ali se entregou ao pranto durante horas. Enquanto aguardávamos o retorno de Afrânio, íamo-nos inteirando do clima que predominava naquele lar. Percebia-se claramente a tristeza de Renato, que não conseguia manter um diálogo com a esposa. Renato levantou-se tomando Eliza nos braços e foi para a sala.

— Papai, por que a mamãe fica sempre brava com você?

— A mamãe está doente, precisamos ter paciência com ela.

— Liga a televisão, papai.

Renato ligou o aparelho, controlando o volume do som no mínimo, e começou a folhear um jornal. Décio aproveitou aquele momento para sondar-lhe o íntimo, visivelmente amargurado. Percebeu que naquele coração ainda palpitava uma esperança. Apesar de tudo, acreditava que um dia tudo voltaria à normalidade.

— É, Eduardo – disse Décio – graças a Deus dispomos de alguns recursos positivos, tanto com a Elisete, que demonstrou amar Eliza, quanto com Renato, que ainda não se entregou. Isso poderá contribuir bastante para com os nossos esforços.

Afrânio chegou, era quase meia-noite. Artur acompanhou Eliza que se dirigiu ao seu quarto tomada pelo sono, voltando a reunir-se conosco. Renato retirou Elisete do quarto que pertencera a Raul, conduzindo-a para o dormitório do casal onde se recolheram. Júlia retirou-se para o aposento fora da casa onde dormia durante os dias da semana - ela deixava a residência apenas aos sábados, retornando às segundas-feiras.

Acomodamo-nos na sala, ouvindo Afrânio que nos prestou esclarecimentos relativos à situação em que se encontrava o nosso enfermo.

— Raul é um dos milhares de vítimas do amor possessivo que gera um estado de dependência e que leva a um embotamento das forças positivas do Espírito, tornando-o passivo, a ponto de deixar-se conduzir ao invés de se conduzir; renuncia à vontade própria, submetendo-se a uma vontade que o domina, a qual assimila por afinidade e na qual se compraz. Dificilmente conseguiremos arrebatá-lo da situação em que se encontra, se não dispusermos de elementos bastante fortes que possam intervir no campo emotivo, visto que pelos caminhos da razão jamais o alcançaremos. Portanto, vamos concentrar nossos primeiros esforços na jovem, cujos laços de amor ainda se mantêm vivos. Décio e Artur deverão permanecer aqui, enquanto você me conduz à residência da jovem.

Saímos...

Enquanto nos dirigíamos ao encontro de Elza, informei Afrânio de tudo o que havíamos observado, narrando em detalhes as informações que obtivemos a respeito do relacionamento do casal e das reações de Elza ante o acidente de Raul. Senti que tais informações deixaram Afrânio um tanto otimista.

Chegamos ao lar de Elza...

Apresentei Afrânio à irmã Clara que nos recebeu afetuosamente. Informada das intenções de Afrânio, conduziu-nos ao quarto da jovem. Ela dormia junto ao corpo, estendida em uma cama de casal. Afrânio colocou-se diante do leito, fechou os olhos com a cabeça voltada para o alto, permanecendo nessa posição por alguns momentos. Eu o observava; não podia imaginar o que pretendia. Estava absorvido pela curiosidade quando ele começou a transfigurar-se, irradiando uma luz que envolveu todo o ambiente, transmitindo uma suave sensação de paz e segurança. Elza começou a agitar-se e, aos poucos, foi se desdobrando na direção dele.

— Perdoe-me, querida irmã – falou Afrânio. — Por interferir na sua liberdade, perturbando seu justo descanso. Venho solicitar, em nome de Jesus, seus préstimos para arrebatar do sofrimento alguém que você ama muito. Trata-se de Raul.

Elza sentou-se na beira da cama e começou a chorar copiosamente. Afrânio, nesse momento, vibrou sobre a sua cabeça, emitindo raios azulados que vertiam de suas mãos, penetrando o cérebro da jovem. Passados alguns instantes, ela se levantou completamente transfigurada numa mulher aparentando uns trinta anos, envolvida em roupas antigas, afigurando-nos uma fina dama, dando-nos a impressão de um passado distante que retornava ao presente. Voltando-se para Afrânio, disse-lhe:

— É muito, o que me pede. Tenho desperdiçado muitos anos da minha existência disputando o amor desse fraco com aquela megera.

— Procure se lembrar. Antes de reencarnar, prometeu ajudá-lo! Talvez este seja o momento oportuno de começar, irmã querida... Deus ama seus filhos e os quer unidos pelos laços do amor legítimo. Muitas vezes, os caminhos para a união definitiva estão contidos nos processos das separações provisórias; confie um tanto mais na misericórdia divina e ajude-nos no presente para que alcance a felicidade no futuro.

Diante das sábias e afetuosas palavras de Afrânio, a dama começou a chorar, transfigurando-se novamente na jovem Elza que, ainda em prantos, se prontificou a ajudar.

Irmã Clara, envolvendo-a carinhosamente, conduziu-a para o corpo físico. Despedimo-nos, retornando à residência de Raul. Enquanto retornávamos, pedi explicações a Afrânio sobre a transfiguração de Elza, e como fora possível tal fenômeno. Atendendo a minha curiosidade de aprendiz, esclareceu-me atenciosamente:

— Fui obrigado a estimular as lembranças de Elza, a fim de aquilatar suas ligações com Raul. No momento em que tais lembranças afloraram e foram se tornando nítidas em sua mente, por força destas, seu envoltório fluídico foi se ajustando às recordações que predominaram naquele momento. Por alguns instantes, a personalidade de Elza foi esquecida, o que facilitou a transfiguração que presenciamos.

Na residência de Elisete, todos dormiam. Quando chegamos, fomos ao quarto do casal onde Décio mantinha vigilância, observando o comportamento dos enfermos.

— Alguma alteração? – perguntou Afrânio.

— Nenhuma importante. Apenas por duas vezes Elisete ameaçou sair do corpo, mas desistiu.

— Continue atento.

Caminhamos rumo aos aposentos de Eliza. Seu corpinho descansava na cama, mas o Espírito brincava com Artur que demonstrava extremado carinho por ela. Artur fazia-a rir descontraída quando saímos. Alcançando a rua, nos dirigimos a uma praça próxima dali. Sentamo-nos sob uma enorme paineira, cujos galhos se estendiam para o alto como tentando agarrar as estrelas que naquela noite se mostravam exuberantes. A lua escondia-se no horizonte, mas seus raios prateados ainda tinham forças para atravessar a folhagem da paineira, iluminando as gotas de orvalho que umedeciam a grama. Lembrei-me de minha mãe cujos olhos, nos momentos das maiores alegrias, brilhavam como as gotas de orvalho banhadas pelo luar. Senti meu coração pulsando com o coração do universo. Lembrei-me das palavras de Venâncio quando se referiu ao amor. Como seria bom se todos tivéssemos essa força sob controle! Quantos dramas se evitariam neste planeta maravilhoso! Admirava a sabedoria de Venâncio. Afrânio, parecendo registrar meus pensamentos, asseverou:

— Venâncio é um Espírito que tenho aprendido a venerar! Seu amor é tão grande quanto a sua sabedoria. Seus préstimos na Estância de Amor representam milhares de Espíritos resgatados do sofrimento. Quase sempre vítimas de um amor desequilibrado, o que para ele se constituiu numa especialidade. Venho acompanhando-o há muito tempo, amealhando valiosos recursos em termos de conhecimentos, o que para mim, um Espírito apaixonado pela ciência que estuda a mente e seus problemas, representa um grande acréscimo. Pretendo no futuro retornar às experiências da matéria para dar continuidade ao meu trabalho no campo da Psiquiatria, no qual venho militando há muito, quase sempre experimentando fracassos, principalmente no que se refere à fé, aliás, a prova mais difícil para aqueles que ingressam no mundo das ciências. Espero que, com as experiências que tenho adquirido nestas investidas de trabalho junto à crosta, consiga acumular subsídios suficientes para sustentar-me em minha próxima incursão na matéria. Em minha última jornada terrestre, logo após conquistar o título acadêmico, retornei para cá atendendo uma programação ulteriormente preparada, da qual este nosso trabalho faz parte.

À medida que Afrânio falava, sentia por ele uma sensação mista de afeição e respeito. Parecia-me que guardava no peito um mundo de recordações, como alguém que já vivera muitas encarnações. Estava envolvido nesses pensamentos quando me pegou pelo braço:

— Vamos, já amanhece! Hoje você deve dedicar algum tempo junto a Elza; precisamos que ela esteja recolhida cedo ao leito, pois, nesta noite, pretendo conduzi-la à presença de Raul.

Parti rumo à residência da jovem. Era pouco mais de seis horas da manhã e, lá chegando, irmã Clara recebeu-me sorridente. Quando Elza saiu, acompanhei-a em direção ao local de trabalho. Tratava-se de um amplo escritório, que fazia parte da administração de uma fábrica. Elza trabalhava de datilógrafa juntamente com uma colega que tinha mais ou menos a idade dela. Conversavam muito. Em determinado momento, interessei-me pela conversa e aproximei-me para ouvir:

— Esta noite, eu tive um sonho esquisito! – falou para a colega.

— Conta! Eu adoro ouvir sobre sonhos.

— Eu não sei explicar; foi tão estranho! Eu conversava com um homem sobre o Raul. Chorava muito. De repente me vi num outro lugar, vestida com umas roupas antigas, fora de moda. Uma mulher segurava Raul, e eu lutava para tirá-lo dos seus braços. Depois acordei, mas não estava acordada, não sei se você entende. Então, vi aquele homem de novo; era como se eu estivesse sonhando dentro do sonho... Foi uma coisa realmente estranha!

— Você não sonhava sempre com a mãe do Raul tirando-o de você?

— Só que desta vez não era ela, mas sim uma mulher desconhecida. E nós estávamos vestidas com roupas antigas.

— Não será trauma pelo medo que você e Raul tinham dela?

— Talvez, mas agora que ele já morreu não se justifica.

— Sonho que a gente não consegue compreender é melhor esquecer – arrematou a colega

— Você tem razão.

Permaneci ali com ela até cumprir o horário da jornada de trabalho daquele dia. No final da tarde, tive de intervir provocando-lhe sonolência, pois a colega insistia para que fossem juntas visitar uma amiga, o que poderia atrapalhar nossos planos. Elza desculpou-se e nós retornamos à sua residência, onde aguardei junto dela a chegada de Afrânio.

As horas avançavam. Já passava da meia-noite quando Afrânio chegou. Eu estava na sala com a irmã Clara que, imediatamente, nos conduziu ao quarto de Elza. A jovem dormia profundamente. Tocada pelas vibrações de Afrânio, despertou vagarosamente, desdobrando-se em nossa direção. Parecia lembrar-se do compromisso assumido na noite anterior, pois assimilou as orientações naturalmente. Juntos alcançamos a residência de Raul.

Artur nos aguardava, ansioso. Afrânio deixou-a sob os seus cuidados, enquanto nos dirigimos ao quarto do casal. Décio mantinha-se vigilante. Nos aproximamos; Renato e Elisete dormiam junto aos respectivos corpos, sob a influência dele, que os havia magnetizado. O ambiente estava preparado. Obedecendo à solicitação de Afrânio, fui buscar Elza que, ao entrar no quarto, parou estanque, temendo a presença de Elisete. Afrânio acalmou-a, conduzindo-a até Raul. Elza debruçou-se à beira da cama sussurrando-lhe algumas palavras, enquanto acariciava seus cabelos.

— Raul, sou eu! Estou com muitas saudades! Você esqueceu de mim? Ouça-me, preciso muito de você! Não me procurou mais, então eu vim te ver! Sabe que te amo muito... Quero que venha comigo... Vamos?

À medida que Elza falava, Raul estremecia parecendo ouvir seus apelos. Os laços fluídicos afrouxaram-se, e Elisete agitou-se ameaçando acordar. Fizemos uma pausa de alguns instantes e, depois, Elza voltou a interpelá-lo:

— Vamos, Raul... Venha comigo... Eu quero você ao meu lado...

Elisete novamente agitou-se, tentando se libertar do corpo físico. Então Afrânio suspendeu os trabalhos daquela noite, e eu reconduzi Elza ao lar, atendendo à recomendação dele. Mais tarde, nos reunimos novamente na residência de Raul. Eu estava ansioso por ouvir as impressões de Afrânio sobre aquele primeiro encontro. Não foi preciso perguntar-lhe. Acomodamo-nos na sala e ele começou a falar:

— Aguardemos os acontecimentos durante o dia de amanhã, a fim de aquilatarmos os efeitos deste primeiro contato de Elza com o nosso irmão enfermo. Retornarei à Estância de Amor onde estudarei o caso sob as apreciações de Venâncio; vocês mantenham-se alertas a qualquer eventualidade que possa alterar nossos planos.

Depois que Afrânio partiu, Artur mostrou-se preocupado com o estado de saúde de Elisete, pois temia que isso viesse a comprometer todo o nosso trabalho. Esperamos o amanhecer; Décio e eu, então, alcançamos a rua em direção à casa de Elza. Devíamos colher as impressões que ficaram gravadas na lembrança da jovem.

Quando chegamos, Elza tomava o café matinal e, ao mesmo tempo, conversava com sua mãe:

— Tive outro sonho com Raul esta noite, mas não consigo me lembrar direito. Pareceu-me que estava doente. Eu chamava por ele, que não me dava atenção.

— Você precisa esquecê-lo. Procure se distrair, arrume um namorado... – aconselhou a mãe.

— Esquecê-lo será muito difícil. Embora as lembranças que ainda alimento não me façam sofrer, estão ainda muito vivas dentro de mim. É como se fosse um compromisso que deixamos para um outro dia, mas que ainda não terminou, é essa a sensação que eu sinto.

— Vê, Eduardo – perguntou Décio — por que Afrânio concentra as suas esperanças em Elza? Provavelmente sua ligação com Raul deve atender a propósitos que ora desconhecemos, mas que no desenrolar dos acontecimentos virão à baila, com certeza. Vamos retornar à residência de Renato, aguardando ali o retorno de Afrânio.

O dia naquele lar transcorria triste. Elisete se distanciava das obrigações domésticas fechando-se em si mesma. Eliza também sofria a sua desatenção e acabou transferindo para Júlia seus reclamos de criança. Nem mesmo a alegria daquela pequena criatura superava a tristeza que se abatera sobre aquele lar, fruto da inconformação de Elisete. Prostrada no sofá, ela amargava suas lembranças de quando Raul ainda vivia naquele lar na condição de encarnado. Nós nos aproximamos procurando sondar-lhe o íntimo, e fomos surpreendidos com pensamentos que alterariam os nossos planos. Elisete havia registrado os acontecimentos da noite anterior, pressentira que tentávamos afastar Raul e passou, então, a arquitetar o suicídio. Planejava ingerir uma superdose de calmantes. Preocupados, comunicamo-nos com a Estância de Amor, reclamando a presença urgente de Afrânio.

Enquanto aguardávamos a chegada dele, permanecemos vigilantes aos movimentos de Elisete.

Décio, aproveitando-se das faculdades sensitivas de Júlia, induziu-a a aproximar-se de Elisete, procurando diálogo.

— A patroa sente-se bem? Precisa de alguma coisa?

— Não preciso de nada, vá cuidar da cozinha.

— Quer que eu prepare um chá?

— Já te falei que não quero nada.

Júlia desistiu, pois Elisete mostrava-se irritada. Foi nesse momento que Afrânio chegou e nos chamou para o quarto que pertencera a Raul; Artur nos acompanhou. Relatamos com detalhes o que havíamos apurado até o momento em que registramos os pensamentos de Elisete. Afrânio mostrou-se bastante preocupado. Olhou para nós, baixou a cabeça e permaneceu alguns instantes pensativo até que, por final, esclareceu:

— A nossa tarefa não se resume apenas em dissolver os laços obsessivos que unem mãe e filho. Segundo as informações de Venâncio, os problemas que os envolvem no presente remontam quase dois séculos de sofrimentos. Há um propósito maior a ser alcançado cujas diretrizes foram delineadas antes de nossos irmãos assumirem a presente encarnação. Portanto, não podemos correr nenhum risco. Se afastarmos Raul do mundo íntimo de Elisete, dificilmente teremos recursos para evitar o suicídio com que nos ameaça. Tentaremos destruir esse mundo de vibrações doentias onde os nossos irmãos se refugiam. Esqueceremos temporariamente os préstimos da jovem Elza; vamos concentrar nossos esforços em Elisete.

— Para atingirmos o objetivo que pretendo, precisamos contar com os seus préstimos, querido irmão Artur.

— Meus préstimos? – perguntou Artur admirado.

— Sim, querido irmão! Vou lhe pedir algo que me desagrada muito, mas que se torna imprescindível.

— Do que se trata? - indagou Artur um tanto preocupado.

— Sei dos laços que unem você à menina Eliza, mas é preciso que se altere seu estado de saúde. Precisamos que seja acometida de convulsões periódicas, seguidas de um estado febril.

Artur levantou-se cabisbaixo, dirigindo-se para o quarto de Eliza. Eu o acompanhei. Debruçou-se sobre ela que já dormia, beijando-lhe a fronte, permanecendo ao seu lado até o amanhecer. Afrânio passou-nos suas recomendações:

— Vocês deverão concentrar seus esforços, colaborando para que alcancemos em Elisete um estado emocional bastante voltado para a filha, que em breve deverá apresentar os primeiros sintomas de enfermidade. Usem, se necessário for, os recursos sensitivos de Júlia, que poderá ser de muita valia aos nossos propósitos. Décio deverá colaborar para que Renato, nesses próximos dias, se veja absorvido pelo trabalho na empresa a que se vincula.

Depois de mais algumas observações, Afrânio retornou à nossa colônia. Passaram-se dois dias. Elisete, a cada hora, mostrava-se mais tensa; a ideia de suicídio tomava corpo em sua mente até que, naquela manhã, após Renato sair para o trabalho, começaram os primeiros efeitos das providências tomadas por Afrânio. Júlia, percebendo que Eliza não saíra do quarto como sempre fazia logo após a saída de Renato, foi ter com ela que dormia profundamente. Tocando-a, percebeu a temperatura elevada, correu ao aposento de Elisete, despertando-a.

— Patroa, a Eliza está com muita febre!

— Como você sabe?

— Eu a toquei. Ela está com o rosto avermelhado e bastante quente.

— Eu vou me levantar. Isso não é nada. A menina sempre foi corada.

Júlia retornou ao lado da menina, acordando-a.

— Você está bem? - perguntou-lhe.

— Estou cansada, dói a cabeça.

— Fique calma, a mamãe já vem.

Naquele momento, Elisete entrou no quarto.

— Vamos ver se a menina está com manha para não ir à escola.

Mas o termômetro logo acusou a febre alta.

— Júlia, ligue para o Renato. Ele precisa levá-la ao médico.

Décio aproximou-se de Júlia, imprimindo-lhe uma sugestão.

— Por que a senhora não a leva? O senhor Renato vai demorar muito a chegar até aqui.

— Nada disso! Eu não tenho condições, sinto-me fraca. Ligue para o Renato – insistiu Elisete, contrariada.

Júlia foi para a sala fazer o telefonema, acompanhada por Décio que procurava senhorear-lhe os pensamentos. Pegou o telefone. Quando ia discar, deteve-se por alguns instantes e, influenciada por Décio, recolocou o aparelho no gancho, retornando ao quarto de Eliza.

— O senhor Renato não se encontra na firma; disseram que saiu a serviço e que só retorna à tarde.

— O que vamos fazer? – falou Elisete, demonstrando certa tensão.

— A patroa precisa levá-la ao médico. Vamos, eu acompanho a senhora.

— Calma, deixe-me raciocinar! Talvez seja apenas uma infecção na garganta. Vou chamar o farmacêutico.

Então, Décio atuou sobre a menina que começou a chorar.

— Mamãe, estou com medo! A minha cabeça dói muito, estou tonta – disse Eliza, que parecia entrar em convulsão.

— Está vendo, patroa? Precisa levá-la ao médico!

Elisete prostrou-se pensativa, olhando a filhinha, e Artur aproveitou para envolvê-la nas mais puras vibrações de carinho, sensibilizando-a. De repente, a mãe levantou-se.

— Prepare-se, Júlia. Nós vamos levá-la ao doutor Mário.

Em poucos instantes, saíram em direção ao consultório do médico. Lá chegando, o dr. Mário examinou demoradamente Eliza e, não encontrando nada que justificasse um diagnóstico, requisitou vários exames. Enquanto eu acompanhava o atendimento à menina, Décio deslocara-se até a firma onde Renato trabalhava, a fim de influenciar na distribuição dos encargos, procurando sobrecarregá-lo de serviço naqueles dias. Depois de algumas horas, estávamos todos novamente na residência de Elisete. Esta, ao chegar em casa, após acomodar

Eliza no leito, dirigiu-se ao armário onde guardava os remédios. Quando se preparava para tomar os calmantes, Júlia, induzida por Artur, interferiu, convencendo-a de que precisava manter-se lúcida devido à enfermidade da filha. Renato retornou pelo final da tarde e mostrou-se bastante preocupado com o estado de saúde de Eliza.

— Justo agora que me incumbiram de uma auditoria que não poderá sofrer interrupções! Você precisa se empenhar em cumprir todas as recomendações do doutor Mário. Providencie amanhã todos os exames que ele pediu - disse Renato à esposa, em tom severo.

Com isso, criou-se o clima que desejávamos. Renato, absorvido pelo trabalho, obrigava Elisete, por força das circunstâncias, a várias incursões ao médico e aos laboratórios à cata de exames. Após vinte dias, ela estava totalmente absorvida pelo problema.

O médico, ante as convulsões de Eliza e diante dos exames todos negativos, recomendou a internação da menina. Elisete desesperou-se. Levou-a a outro médico que lhe pediu os mesmos exames, exigindo que fossem feitos em outro laboratório. Ela atendeu, e foi mais uma semana de corre-corre sem resultados, pois os novos exames confirmavam os outros feitos anteriormente, todos negativos. Desta vez, porém, o médico recomendou consultar um neurologista, o que acabou provocando um choque em Elisete, levando-a a um abatimento profundo. A essa altura dos acontecimentos, Raul já encontrava dificuldades para se manter em sintonia com ela; sentia-se quase desalojado das suas vibrações de saudades e apego.

Instalara-se nos pensamentos de Elisete um sentimento de culpa. Percebendo o abatimento da patroa, Júlia aproximou-se, interpelando-a:

— Posso ajudar em alguma coisa? Quer que eu prepare um lanche? A senhora precisa se alimentar.

— Júlia, estou com muito medo! Os médicos estão escondendo alguma coisa de mim. Eliza continua com as convulsões... Se a febre foi dominada, por que ela continua sofrendo esses ataques?

— Vamos confiar em Deus, Ele sabe o que faz. Os médicos vão acabar descobrindo o que ela tem, e logo vai ficar boa.

— Deus não existe! Já não bastava perder Raul? Agora vejo que estou perdendo também minha filhinha...

— Deus existe, patroa! Reze para Ele nos ajudar.

— Gostaria de ter certeza de que Ele existe, mas não posso crer em um Deus que separa as pessoas que se amam e que faz sofrer uma inocente como a minha filhinha.

Elisete começou a chorar copiosamente.

— Não chore! Vamos rezar juntas para que Deus nos inspire uma solução.

— Você acredita mesmo que Deus existe? Júlia, inspirada por Artur, começou a falar-lhe:

— Deus existe e é um Pai generoso, que nos ama muito! Nós é que nos desesperamos por falta de confiança na Sua misericórdia.

— Se Ele existe, está me castigando! Eu me revoltei com a morte de Raul, agora Ele quer me tirar também Eliza. Ajude-me, Júlia! Eu sou culpada! Eu a abandonei! Desde que Raul partiu, tenho vivido somente das suas lembranças... Abandonei Renato, o lar... Ajude-me, pelo amor de Deus!

— Calma, patroa! Deus não vai tirar sua filhinha! Eu pouco posso ajudá-la, mas se a senhora permite vou chamar dona Florinda... Ela é tão boa! Tenho certeza que poderá nos ajudar.

— Então vá! Peça para ela vir até aqui.

Júlia saiu, retornando depois de algum tempo acompanhada de dona Florinda, uma senhora bastante simpática. Fazia-se acompanhar de um médico desencarnado que se aproximou dizendo-se chamar Armando. Narramos a ele os acontecimentos, no que se prontificou a ajudar. Logo em seguida, entramos todos no quarto onde Elisete se encontrava.

— Obrigada, por ter vindo. Estou desesperada! Faz quase um mês que Eliza adoeceu, e os médicos não descobrem o mal que se abateu sobre ela. Estou com muito medo! Perdi Raulzinho e, agora, vejo que vou perder também a minha filhinha.

— Calma, você não vai perdê-la! Deus é Pai e vai ajudá-la; confie na misericórdia divina, e você verá em pouco tempo Eliza brincando novamente pela casa.

— A senhora acredita mesmo que isso seja possível?

— Acredito! E você também deve acreditar. Vamos orar juntas para que Jesus nos ajude.

Dona Florinda começou uma prece profundamente inspirada pelo doutor Armando, estendendo suas mãos sobre Elisete. Esta acompanhou cada palavra tomada pelo pranto. Naquele momento, Raul desprendeu-se dela projetando-se para o quarto que lhe pertencera.

Após ser beneficiada pelo passe, Elisete conduziu dona Florinda ao quarto de Eliza. Ali, acobertada pelo doutor Armando, atuou sobre a menina durante alguns minutos. Depois disso, reuniram-se na sala onde conversaram durante algum tempo; dona Florinda, inspirada por Artur, acendia a fé no coração de Elisete, ainda sensibilizada pelos efeitos da prece e do passe.

A visitante despediu-se, prometendo retornar no dia seguinte. Doutor Armando permaneceu ainda por algum tempo cuidando de Eliza. Elisete, reconfortada, acomodou-se ao lado da filhinha, olhando-a com ternura e acabando por adormecer ao seu lado.

Afrânio retornou ao anoitecer. Informado dos acontecimentos, mostrou-se bastante otimista e, juntos, fomos ao quarto onde Raul se alojara. Ao entrarmos tivemos uma surpresa, ele estava sentado num dos cantos do aposento, movimentando-se à semelhança de um pêndulo. Tentamos nos comunicar com ele, mas foi em vão. Décio brincou durante alguns minutos tentando atrair sua atenção, mas não conseguiu. Observando atentamente Raul, Afrânio fez algumas considerações.

— Desalojado do mundo que o sustentava, recusa-se a assumir a realidade, imergindo no seu próprio mundo.

— O que o obrigou a retirar-se de junto da sua mãe? – perguntei.

— As forças que o sustentavam resumiam-se nas lembranças vivas que Elisete cultivava, e essas lembranças se enfraqueceram diante da intensa preocupação que a envolveu em torno de Eliza.

No momento em que dona Florinda, portadora de um forte magnetismo, atuou sobre eles, os laços enfraquecidos que ainda o mantinham preso a ela se romperam por completo, deslocando-o quase que instantaneamente.

Depois de mais algumas considerações de Afrânio sobre o caso, fomos para a sala. Artur, mostrando-se apreensivo, perguntou-lhe:

— Creio que, diante dos acontecimentos desta tarde, Eliza esteja liberada desse processo, não é mesmo, Afrânio?

— Certamente que sim! Compreendo sua justa preocupação. Eliza não só está liberada como temos pressa em vê-la totalmente recuperada. Apenas desejamos que a cura seja atribuída aos préstimos de dona Florinda, a fim de que seja instalada a fé de Elisete cuja confiança em seu trabalho nos será potencial de recursos excelentes.

Artur mostrou-se satisfeito, reassumindo a alegria que durante aqueles dias havia sido empanada pela preocupação em torno da menina. Afrânio, depois de fazer algumas recomendações ao Décio, pedindo-lhe que permanecesse ao lado de Raul, chamou-me e nos dirigimos àquela praça que se tornara local de nossas meditações. Sob a paineira, contemplei a noite clara denunciando a lua cheia; alguns namorados sentados nos bancos do jardim começavam a se retirar, pois passava das onze horas. Permanecemos em silêncio. Eu meditava sobre o problema de Raul, o drama daquele pai, daquela mãe... Onde estariam as origens de tanta amargura e sofrimento? Provavelmente Afrânio as conhecia, pois se conduzia com segurança, determinando providências e recursos. Em dado momento, rompi o silêncio, arriscando uma pergunta.

— Quais são as possibilidades de trazermos Raul novamente à razão?

— Considerando os recursos de que dispomos em nosso plano, são muitas as possibilidades. Pelo pouco que conheci na Terra a respeito do autismo, ao qual vim familiarizar-me somente aqui em nosso plano, sei que poucos são os sucessos alcançados entre os encarnados.

— Qual a razão desse insucesso?

— O autismo é um estado de alma, é uma posição mental em que se coloca o Espírito encarnado ou desencarnado. Não se trata de uma deficiência orgânica; isso tem sido demonstrado nos testes e exames feitos pelos estudiosos do assunto. Também não se iguala a um excepcional comum, cuja encarnação está sujeita às limitações de um cérebro lesado ou deficiente. Geralmente, o autista encarnado apresenta-se numa organização física que corresponde à normalidade dos reflexos e sentidos; apenas, pela posição mental em que se encontra, rejeita usar tais recursos. O insucesso que experimentam os colegas encarnados se deve à falta do conhecimento das causas que levam um Espírito a assumir tal atitude. Enquanto a mente acadêmica não se voltar seriamente às pesquisas no campo do Espírito eterno, a fim de remontar às causas legítimas que envolvem a mente humana em problemas diversos, incluindo-se o do autismo, dificilmente encontrará soluções adequadas. Em nosso plano, porém, o quadro de soluções se altera profundamente, pois dispomos do conhecimento da causa. Basta reconstituir um clima emocional com o qual o paciente se identifique - oferecendo-lhe uma compensação à altura dos valores em que se viu lesado - para que ele se sinta novamente atraído ao mundo do qual se desligou ao mergulhar em si mesmo. Geralmente, o autista é um Espírito fraco de vontade que se viu lesado nos sentimentos. Julgando-se impotente para reaver ou reconquistar tais valores, retrai-se para dentro de si mesmo, abdicando da razão para sustentar-se do emotivo que, embora sem manifestações exteriores, continua ativo, guardando uma sensação de gozo ou sofrimento. Por isso mesmo, torna-se difícil alcançá-lo pelos caminhos da razão. Somente por intermédio do emocional poderemos auxiliá-lo, resgatando-o dessa situação.

— Quais os recursos emocionais que pretende usar no caso de Raul? – perguntei.

— Vamos recorrer novamente aos préstimos de Elza.

— Acredita que ela guarde consigo valores equitativos aos que Raul se viu despojado no momento em que desencarnou e agora, quando se viu obrigado a deslocar-se das vibrações da mãe em cujo amor doentio se refugiava?

— Raul, através dos tempos, vem-se dividindo entre o amor das duas, demonstrando uma carência afetiva insaciável. Elisete oferece-lhe o amor possessivo e dominador, no qual se compraz; Elza, o amor terno e passivo que lhe dá prazer, mas ao mesmo tempo gera um estado de insegurança que o atormenta.

— Por que a insegurança?

— O amor de Elza representa para ele responsabilidades que jamais cogitou em assumir, levando-o a refugiar-se em Elisete, um Espírito forte e dominador, ao qual se habituou a depender e confiar cegamente.

— Então é um Espírito fraco e omisso?

— Exatamente! Por isso mesmo assumiu a postura com que se nos apresenta, omitindo-se do mundo exterior, pois o único mundo que lhe oferecia segurança foi destruído quando Elisete se desligou dele, atraída por uma preocupação maior do que a sua ausência.

— Quando pretende trazer Elza à sua presença? – perguntei.

— Provavelmente amanhã. Por isso, a partir do amanhecer que se aproxima, você deverá empenhar-se em acompanhá-la, preparando-a para uma nova investida.

Após essa recomendação, despedimo-nos. Aproveitei o resto da madrugada para visitar meus familiares encarnados. Ali abracei os entes queridos do coração, atenuando a saudade que experimentava periodicamente. Naquele dia, permaneci ao lado de Elza o tempo todo. Por volta das dezoito horas, quando se preparava para deixar o escritório, chegou um jovem procurando pelo seu chefe; ela o encaminhou até a mesa dele, retornando à sua escrivaninha. Guardava seus utensílios, quando os dois se aproximaram dela.

— Elza, este é Sérgio, filho do nosso gerente de vendas. Ele precisa de um requerimento; você não se importa em prepará-lo?

— Tudo bem! – respondeu, sentando-se novamente.

O jovem acomodou-se, sentado à sua frente, e começou a ditar o tal documento. Observando os dois, notei que a presença do jovem alterava o psíquico de Elza, sua aura acentuando-se numa fulguração alaranjada com nuanças avermelhadas. Ele a deixava perturbada; ela errou várias vezes durante a preparação do requerimento. Eram dezoito e quarenta quando terminou. O rapaz, muito gentil, agradeceu dizendo:

— Muito obrigado! Sinto tê-la retardado até esta hora. O mínimo que posso fazer, agora, é me oferecer para levá-la para casa.

— Não é necessário. Eu moro perto daqui.

— Eu insisto! Se você me permitir, será um prazer.

— Você é quem sabe – concordou.

Então saíram. Eu os acompanhei acomodando-me no banco traseiro do carro. No caminho, os dois se corresponderam na troca de galanteios; acontecera o que chamamos de amor à primeira vista.

Quando pararam o carro na porta da casa de Elza, compreendi que a única atitude que me cabia era descer, pois dali para frente continuaria aquele *"blablablá"* que todos conhecemos.

Retornei à casa de Elisete onde, juntamente com Décio e Artur, aguardamos a chegada de Afrânio. O ambiente naquele lar sofrera sensível transformação. Eliza estava quase recuperada, gozando do carinho da mãe que lhe faltara durante mais de um ano e meio. Salvo a condição de Raul, poderíamos afirmar que tudo havia voltado à normalidade. Estávamos fazendo uma súplica por meio da prece, pedindo em favor de todos os envolvidos naquele drama, quando Afrânio chegou. Inteirado dos acontecimentos ocorridos durante o dia na residência, pus-me a narrar o acontecido com Elza. Após contar-lhe em detalhes, perguntei:

— Esse envolvimento dela com Sérgio não vai prejudicar nossos planos?

— Muito pelo contrário! Cumpre-se em Sérgio parte importante de um plano que, no desenrolar dos acontecimentos, vocês compreenderão. Devemos entender que, além das nossas atividades em favor dos nossos irmãos, a providência divina está agindo constantemente em favor deles e de todos, para que se cumpram os desígnios de Deus. Em momento nenhum das nossas vidas estamos entregues ao acaso. Se analisarmos todas as circunstâncias que nos envolvem durante cada dia das nossas vidas, mesmo as mais desagradáveis, saberemos reconhecer a mão generosa de Deus agindo em nosso favor.

Afrânio, quando falava, transmitia-nos muita segurança; suas convicções estavam totalmente amparadas pela dedicação e pela fé que possuía. As horas avançavam, quando me recomendou que fosse buscar Elza.

Ao chegar à residência da moça, irmã Clara me recebeu, conduzindo-me ao seu quarto. Ela dormia ao lado do corpo. No momento em que me aproximei, despertou, porém não me reconheceu. Irmã Clara imediatamente esclareceu sobre a minha presença e, em poucos segundos, estávamos descontraídos. Conquistada a sua confiança, nos deslocamos em direção a Raul. Afrânio, que nos aguardava na sala, aproximou-se dela, abraçando-a carinhosamente.

— Deus te recompensará pela boa vontade em nos ajudar junto a esta família que, neste momento, precisa mais do que nunca de mãos amigas estendidas oferecendo auxílio e compreensão. Raul, afastado agora da influência da mãe, experimenta profunda sensação de insegurança. Imprevidentemente, projetou-se dentro de si mesmo, rejeitando o universo exterior e construindo o seu próprio. Tirá-lo agora desse mundo torna-se tarefa quase impossível, no entanto poderemos oferecer-lhe um outro que lhe devolva a segurança que perdeu. Você poderá ser esse mundo. Pedimos que o envolva em vibrações de carinho para que, por intermédio do seu amor, possamos resgatá-lo.

Elza não titubeou em aceitar; parecia ansiosa para revê-lo. Entramos no quarto. Amparada por Afrânio, aproximou-se, sentando-se ao seu lado e ali permanecendo até quase o amanhecer, acariciando-o e envolvendo-o em suas vibrações amorosas.

Aquela cena repetiu-se durante vinte e três noites seguidas. Elza deslocava-se até ali espontaneamente, sempre no mesmo horário. Foi na noite seguinte em que se completava a vigésima quarta investida da jovem que Afrânio registrou intensa atividade mental em Raul.

Envolvido naquele clima ameno que Elza lhe proporcionava, Raul buscava por meio do pensamento recordações que marcaram forte o seu relacionamento com ela, acabando por avançar em um passado distante. Afrânio, então, colocando a mão sobre ele, estimulou tais lembranças, as quais passou a registrar.

A cena em que se detinha Raul era nítida em sua mente. Um jovem acompanhado de uma jovem viajava sobre um veículo semelhante a uma carruagem, puxado por dois animais em disparada; pelo lado de fora, um outro jovem, agarrado ao veículo, tentava embarcar. Em determinado momento, o jovem embarcado, armado de um pedaço de pau, desferiu um violento golpe na cabeça do rapaz, que caiu sob as rodas do veículo, morrendo instantaneamente. No momento em que essas recordações se tornavam mais fortes em sua mente, Raul agarrou a mão de Elza, segurando-a com força. Foi a primeira reação que registramos no comportamento dele durante todas aquelas noites.

Depois disso, Elza retornou ao corpo e nós ficamos ali por algum tempo, avaliando os acontecimentos. Quando Afrânio nos narrou as lembranças que havia registrado, pudemos compreender que se tratava de Raul e Elza em um pretérito distante. Logo compreendemos também que o crime praticado por ele justificava a morte por acidente a que se submetera nesta última encarnação. Afrânio ainda nos esclareceu:

— O rapaz vitimado por Raul na cena que registramos é Sérgio, o jovem que vai desposar Elza.

Após esta revelação, Afrânio não nos deu espaço para perguntas; despediu-se, retornando para a Estância de Amor. Eu e Décio permanecemos cumprindo nossa vigilância naquele lar.

Muitas noites se seguiram, e nossos esforços pareciam perder-se no tempo. Completávamos o terceiro mês de nossas atividades em torno daquela família. Raul mostrava-se inacessível aos apelos de Elza, que demonstrava, a cada encontro, maior dedicação e carinho.

Até que, em uma das noites subsequentes, Afrânio percebeu certa agitação em Raul, que se mostrava nervoso, acelerando a sua movimentação como pêndulo. Elza chegara naquele momento. Com a sua presença, Raul pareceu acalmar-se; pegou em sua mão, segurando-a com firmeza, então ela começou a cantar uma canção que marcara um momento de muita emoção quando namoravam.

Raul não resistiu. Aos poucos, voltou-se para ela, olhou bem fundo nos seus olhos, que naquele momento brilhavam de emoção, abraçou-a e começou a chorar. Elza afagou-o carinhosamente, envolvendo-o em seus braços, e ali ficaram durante horas sob o nosso olhar de contentamento.

Afrânio os envolveu em suas vibrações e os conduziu para a casa de Elza. Ela se acomodou no corpo físico, adormecendo profundamente. Raul, imantado a ela, deitou-se ao seu lado no que Afrânio aproveitou para magnetizá-lo, aplicando-lhe a sonoterapia.

Após entregá-los à vigilância de irmã Clara, retornamos ao lar de Renato. Artur nos aguardava ansioso; não conseguia conter a alegria e, num momento de muita emoção, elevou uma prece a Deus, agradecendo o nosso esforço. Afrânio, abraçando-o, afirmou:

— Artur; dedicado amigo, nada nos deve, senão a Jesus que nos tem sustentado ao longo do nosso trabalho e que, com certeza, continuará nos amparando, até que alcancemos a normalidade desejada, tão necessária aos nossos irmãos envolvidos nesse drama.

Naquele clima de fraternidade, percebi que a sensação de cansaço que eu experimentara momentos antes havia desaparecido. Afrânio e Décio retornaram à nossa colônia, e eu fiquei com Artur para observar os acontecimentos daquele dia que já começava a clarear.

Júlia, como sempre, foi a primeira a levantar-se. Preparava o café da manhã, quando Renato e Elisete surgiram na cozinha, comentando com alegria o restabelecimento da saúde de Eliza. O casal sentou-se à mesa, e Júlia abriu o diálogo:

— Graças a Deus, tudo parece ter voltado ao normal nesta casa. Eliza está forte e brincando novamente.

— Devemos agradecer a Deus e a dona Florinda, que foi tão amiga, cuidando todo esse tempo de Eliza! - observou Elisete.

— Sabe, patroa... Existem certos males que vêm para curar outros maiores - ponderou Júlia, inspirada por Artur.

— Concordo com você - afirmou Renato.

Nisso entrou Eliza, procurando o colo de Elisete.

— Como está a minha filhinha?

— Estou bem, mamãe! Tenho fome, quero café.

Renato sorriu, deixando transparecer sua felicidade. Sentiu naquele momento que a esposa querida estava de volta à realidade, depois de quase dois anos de angústias e sofrimentos. Levantou-se, abraçou a esposa e a filhinha, beijando-as carinhosamente, e despediu-se indo para o trabalho.

Elisete, conduzida à fé pela dedicação de dona Florinda, abandonou os calmantes, o que lhe restituiu a beleza física que lhe era própria. Renato, inspirado por Artur, convenceu-a de que a casa precisava de uma nova pintura e que o quarto que pertencera a Raul teria que se transformar em seu escritório, pois estava sobrecarregado de serviço e pretendia trabalhar à noite.

Nosso trabalho naquele lar parecia findo. Quando Afrânio e Décio retornaram à noite, despedimo-nos de Artur que ficou nos acenando emocionado. Fizemos, então, uma parada sob aquela paineira na praça próxima dali; Afrânio sentia-se feliz com os resultados alcançados até aquele momento.

— Quanto tempo ainda deverá permanecer nosso irmão submetido à sonoterapia? - perguntou Décio.

— Em breve o despertaremos. Preocupa-me a sua reação... Não se sabe qual será ela, ao retornar à consciência. Esperamos que se associe em primeiro plano, no campo emotivo, à figura de Elza; caso contrário, prevalecendo a atração pela mãe, teremos sérios problemas. Por medida de segurança, vamos conduzi-lo a um núcleo de colaboradores encarnados cuja reunião se realizará amanhã, como, aliás, acontece todas as semanas. Já entrei em contato com Felipe, o coordenador das tarefas desenvolvidas naquela instituição; estará nos esperando com os recursos necessários. Décio, você deverá providenciar para que Elza esteja recolhida ao leito às vinte e uma horas. Use dos recursos de que dispõe no campo do magnetismo, acometendo-a de sonolência acentuada desde o final da tarde, pois poderemos necessitar da sua presença em determinado momento. Os irmãos socorristas que servem naquele reduto de trabalho irão buscá-lo por volta das vinte e uma horas, quando deveremos estar presentes ali para acompanhá-los.

Depois destas orientações, eu e Décio nos descontraímos, brincando com as folhas caídas da paineira, chutando-as como se fossem bolas. Lembrei-me quando jogava futebol de salão e meu pai era o meu maior torcedor. Em determinado momento, fomos surpreendidos por uma turma de jovens desencarnados que, de pronto, entraram na nossa brincadeira. Eram quase todos nossos conhecidos, pois muitas vezes havíamos ido juntos a Uberaba recepcionar nossos familiares.

Estávamos todos envolvidos pela euforia própria a acontecimentos como aquele, quando fomos advertidos por Afrânio de que poderíamos desequilibrar nosso padrão vibratório e que, estando na crosta, corríamos o risco de atrair Espíritos inclinados à desordem, o que nos causaria problemas indesejáveis.

Após atendermos à advertência de Afrânio, sentamo-nos e ficamos conversando durante horas. Carlos, um dos jovens ali presentes, informou-nos que vieram participar de uma reunião ocorrida naquela noite em uma instituição próxima dali. Comentamos sobre a dificuldade que havíamos enfrentado até conseguirmos pacificar os corações maternos que deixamos pulsando na Terra. Muitos daqueles jovens estavam ainda empenhados em consolar os entes queridos, que se mostravam ainda arredios aos apelos da consciência com relação à vida eterna. Indagado quanto ao problema, Afrânio se prontificou a opinar, emprestando seus conhecimentos:

— Tenho aprendido em minhas experiências, no que se refere ao estudo da mente, que o consolo excessivo se assemelha à lenha que sustenta o fogo que a consome: quanto mais lenha, mais fogo. Para muitas mães, as vossas mensagens representaram, além do consolo que ofereceram, um vigoroso estímulo à fé, conduzindo-as ao encontro de um conhecimento maior. Entretanto, para inúmeras outras, serviram apenas para evitar um mal maior nos momentos mais angustiantes, tornando-se posteriormente fortes vínculos que elas tentam manter desesperadamente, reclamando dos filhos uma constante comunicação. Esquecem-se de que os filhos, ora desvinculados dos processos da vida na matéria, foram chamados a outro plano de responsabilidades que raramente inclui contatos permanentes com os círculos familiares, aos quais já não se submetem, embora cultivem os laços de amor que os caracterizaram. Muitas dessas mãezinhas queridas, mantendo o campo emotivo em desequilíbrio, às vezes sob o disfarce da compreensão, peregrinam pelos Centros Espíritas à cata de mensagens. Alguns médiuns, envolvidos pelo emocional que as acompanha, assimilam seus anseios e, em meio ao psiquismo predominante no momento, geram mensagens de um suposto consolo, contribuindo imprevidentemente para alimentar tal obsessão. Muitos dos jovens desencarnados, conscientes dessa realidade, ausentaram-se das comunicações, empregando seus esforços na condução dessas mães aos núcleos de estudos e de trabalho, procurando integrá-las às atividades assistenciais. Só o conhecimento exerce o verdadeiro consolo às dores da alma! Os demais artifícios são paliativos, sustentando o sofrimento enquanto predomina a ignorância da causa. Conhecendo-se a causa, passa-se a compreender o motivo e atenuam-se os efeitos, que se tornam suportáveis. Imaginem se fôssemos desconhecedores das ciências médicas e dos recursos cirúrgicos e, em determinado momento, surpreendêssemos um filho querido sendo submetido a uma cirurgia, com as vísceras expostas. Provavelmente entraríamos em pânico, tentando arrancá-lo das mãos que o beneficiam naquele momento, garantindo-lhe a vida. Jesus, conhecedor profundo das carências humanas, quando se referiu ao Espírito de Verdade, sabiamente o cognominou de O Consolador Prometido; hoje o reconhecemos manifesto na Doutrina Espírita, exercendo a consolação perene pelo conhecimento que transmite à humanidade.

Arrebatados pela orientação de Afrânio, nem nos apercebemos que o amanhecer nos surpreendia. Despedimo-nos rapidamente. Décio, Afrânio e eu retornamos à Estância de Amor, deixando aqueles jovens nos acenando. Pouco depois, Afrânio nos deixava, e nós outros nos dedicamos ao cumprimento de nossas obrigações na colônia, visitando os companheiros que ainda não se locomoviam, levando a eles o bom ânimo.

Aguardávamos ansiosos a chegada da noite, quando deveríamos nos reunir novamente com Afrânio, a fim de conduzirmos Raul ao grupo de encarnados que iriam colaborar conosco para despertá-lo. Décio retornara à Estância conosco, porque a irmã Clara havia se prontificado a cuidar para que Elza estivesse recolhida ao leito no horário previsto.

Eram exatamente vinte horas e quarenta minutos quando chegamos à residência de Elza. Ambos dormiam profundamente, quando surgiram os socorristas. Após a troca de cumprimentos, acomodaram Raul em uma maca e todos partimos em direção ao local onde se efetuaria o socorro. Elza, ainda sob a influência da irmã Clara, ficou dormindo junto ao corpo físico.

Chegamos...

Era uma pequena sala contígua a um salão. Sentados à volta da mesa, dois homens e seis senhoras. Em pé, um senhor conduzia os trabalhos, prestandose à tarefa de esclarecimento. Augusto era seu nome. Em nosso plano, vários companheiros se desdobravam em auxílio a alguns irmãos que se mostravam enfermos e a outros aparentemente desesperados.

Em poucos instantes o ambiente esvaziou-se, ficando apenas Felipe, os socorristas e nós, além dos irmãos encarnados. Aproximaram Raul de uma daquelas senhoras. Felipe e Afrânio atuaram sobre ele; Augusto, sobre a médium. Em poucos segundos, ela se mostrava envolvida por forte sonolência, como que registrando o estado em que Raul se encontrava. Ele, por sua vez, agitava-se na maca, ameaçando despertar. Ainda sonolento, amparado por Felipe e Afrânio, foi colocado em pé ao lado da médium. Com o auxílio que recebia, foi se ajustando à organização mediúnica que pareceu revigorar-lhe o raciocínio.

— Onde estou? - perguntou, por meio da psicofonia.

— Calma, meu irmão! Está tudo bem! Você está entre amigos - falou Augusto, inspirado por Felipe que conduzia os trabalhos.

— Quem são vocês? O que querem de mim?

— Queremos ajudá-lo, procure acalmar-se.

— Onde está minha mãe? Que lugar é este?

Nisso, Afrânio fez um sinal a Décio que partiu em busca de Elza.

— A sua mãe está bem, logo você a verá.

— Eu quero minha mãe! Soltem-me! Eu preciso ir ao encontro da minha mãe! Por que vocês estão me segurando? Soltem-me!

Naquele momento, achava-se realmente preso pelos laços fluídicos que o envolviam, atendendo às providências que Afrânio havia tomado. Continuou agitando-se, querendo libertar-se.

— Eu preciso voltar para casa. Soltem-me, por favor! Soltem-me!

— Meu irmão, você está entre amigos que querem ajudá-lo. Procure se controlar. Veja! Tem alguém aqui que o ama muito e quer conversar com você.

Elza já estava presente. Aproximou-se dele.

— Sou eu, Elza. Está tudo bem. Essas pessoas são nossas amigas e querem nos ajudar. Ouça os seus conselhos, vão lhe fazer bem.

— Eu preciso de ajuda, estou confuso. Abrace-me, por favor.

Elza envolveu-o em seus braços e, amparada por Afrânio, ajudou-o a desembaraçar-se da médium, entregando-o aos nossos cuidados.

Ajudados pelos irmãos socorristas, retornamos à Estância de Amor, conduzindo Raul que chorava muito. Elza retornou ao corpo, guiada por Felipe que a entregou à irmã Clara. Já em nossa colônia, acomodamos Raul em uma cama no pavilhão de enfermaria, ficando com ele até quase o amanhecer. Depois de tanto tempo sob a forte obsessão em que se encontrava, mostrava-se bastante abatido. Suas feições assemelhavam-se às de um náufrago após muitos dias perdido no mar; seus olhos, avermelhados e sem brilho, nos lembravam os alcoólatras vencidos pela bebida. Acomodado no leito, conversamos:

— Como você está? - perguntei.

— Sinto muito frio.

— Essa sensação vai passar, procure relaxar.

— Por que Elza não nos acompanhou?

— Estava tarde, ela precisava recolher-se.

— E minha mãe, por que não está aqui?

— Ela virá, procure descansar.

— O que aconteceu comigo?

— Você sofreu um acidente, e esteve desacordado um bom tempo.

— Estou meio tonto e sua voz parece distante. O que é aqui? Um hospital?

— É mais que um hospital; é como se fosse a nossa casa.

— Sinto-me como se tivesse acordado de um sonho. As lembranças fogem-me; não consigo concatenar os pensamentos.

— Aos poucos você vai se recuperar, então lembrará de tudo. Agora, procure dormir.

Conversamos um pouco mais, até que ele adormeceu. Afrânio nos convidou para irmos ao edifício dedicado às orações em nossa colônia. Ali oramos juntos, agradecemos a Deus pela força que nos deu e por todos os recursos que a Sua misericórdia nos dispensou enquanto trabalhávamos na crosta. Estávamos felizes. Raul, amparado, descansava do sofrimento; Elisete e Renato desfrutavam da paz que esteve ausente tanto tempo; Elza preparava-se para o seu casamento com Sérgio, o que aconteceria nos próximos dias. Tudo caminhava para a normalidade que desejávamos.

Passaram-se duas semanas. Raul, sob a assistência dos benfeitores de nossa colônia, recuperava-se rapidamente. Não se recordava de nada do que havia acontecido; ainda dominado por um certo torpor, mostrava-se ansioso por saber de tudo. Seu bisavô constantemente o visitava, porém Raul não o reconhecia. Afinal, o único contato que mantivera com ele havia sido no dia do acidente e nos dias que lhe seguiram, naquele hospital onde fora recolhido.

Afrânio, Décio e eu, como fazíamos todos os dias, fomos visitá-lo naquela tarde.

— Como você está? - perguntou Afrânio.

— Eu me sinto estranho... Tenho a impressão de que há anos estou distante de casa, mas às vezes me parece tê-la deixado há instantes. A lembrança de casa, quando se aviva em minha mente, principalmente quando me lembro de minha mãe, é como se eu fosse cair de uma altura imensa.

— Você não se recorda de mim? - perguntou Elpídio, seu bisavô.

— Lembro-me vagamente.

— Fui eu quem te socorreu no dia do acidente. Nesse momento, Afrânio vibrou intensamente sobre ele, estimulando-lhe as lembranças.

— Eu morri... Eu morri! Vocês me enganaram! Eu morri! Preciso ver minha mãe!

— Calma! Sua mãe está bem! Já se passaram quase dois anos do dia do acidente.

— Agora eu me lembro... Você é meu bisavô!

— Sim, meu filho! Tenha bastante calma! Estamos todos vivos com a graça de Deus. A morte não existe! O importante, agora, é nos adaptarmos a esta nova condição de vida. Como vê, somos eternos!

Elpídio envolveu-o num abraço e continuou conversando com ele, enquanto nos retiramos.

Transcorridos quase três meses da chegada de Raul a nossa colônia, ele já se apresentava bastante seguro de si. Transitava pelos pavilhões relacionando-se com outros jovens, ouvindo de cada um deles narrativas as mais interessantes; muitos se assemelhavam a ele nos problemas que haviam sofrido o que, para Raul, se constituía em relativo consolo.

Todas as vezes que encontrava Afrânio, insistia, pedindo-lhe autorização para retornar à crosta para ver Elza e sua mãe. Até que um dia, Afrânio se prontificou a conduzi-lo.

Numa certa noite, fomos reunidos para essa finalidade. Raul mostrava-se eufórico; mal se continha na alegria que o dominava. Partimos. Dirigimo-nos primeiramente ao encontro de sua mãe. Artur nos recebeu. Raul, informado sobre ele e de sua missão de guardião da família, abraçou-o demoradamente.

Entramos no quarto de seus pais. Raul aproximou-se deles, carinhosamente, beijando-os no rosto. Elisete desdobrou-se do corpo, correspondendo ao carinho do filho. Estava tudo sob controle. Ela se mantinha serena, demonstrando equilíbrio nas suas emoções.

Depois, Raul passou pelo quarto de Eliza, dedicando-lhe um carinho, e então partimos ao encontro de Elza. No caminho, Afrânio falou-lhe do seu casamento com Sérgio. Ao receber a notícia, tivemos que nos deter por alguns instantes, pois Raul, chocado, negava-se a seguir ao encontro da jovem.

— Você deve prosseguir - ponderou Afrânio. — Torna-se importante familiarizar-se com a realidade que não pode transformar.

— Eu não podia ter morrido... Fiz tantos planos... E agora? O que faço?

— Você saberá o que fazer. Breve irá compreender! O importante, agora, é controlar-se para que não perca o equilíbrio das emoções.

Convencido por Afrânio, resolveu prosseguir. Após o casamento, Elza mudara-se para um apartamento em um edifício próximo ao bairro onde morava. Entramos. Raul adiantou-se. O jovem casal dormia num quarto contíguo à sala. Elza estava fora do corpo físico e, ao vê-lo, assustou-se, tentando afastar-se, mas Raul a enlaçou num abraço e os dois permaneceram por alguns instantes envolvidos carinhosamente. Afrânio fez-lhe um sinal, ele atendeu e nós saímos. No caminho, em retorno à nossa colônia, Raul manteve-se calado o tempo todo. Chegando lá nos agradeceu, recolhendo-se ao dormitório sem nos dirigir qualquer outra palavra.

No dia seguinte, fomos vê-lo como sempre fazíamos. Estava sentado na cama, olhando para o chão. Décio brincou:

— O que é? Está contando os dedos do pé?

— Estava pensando sobre ontem à noite... É uma "barra" aguentar tudo isso!

— Você vai "tirar de letra", não "esquenta" não! Logo você se acostuma; a vida aqui é melhor do que lá "em baixo" - falou Décio, acompanhando a gíria que Raul não conseguia evitar.

— Mas, eu preferia estar lá.

— Isso não é bom "cara"! Temos de aceitar a vida conforme ela "pinta" pra gente.

— Eu estava numa “boa”! Minha mãe era “legal”... De repente, “tô” aqui noutra bem diferente, deixando lá minha “gata” nos braços de outro, sem poder fazer nada... Não é fácil!

— Quem sabe você está destinado a voltar mais rápido do que imagina.

— Mas, como?

— Reencarnando novamente.

— Até que era uma “boa”!

— Mas, o importante agora é “maneirar”. Procure se descontrair, visitando os “camaradinhas” dos outros pavilhões até que Venâncio o ocupe com alguma coisa.

— Tá “legal”, vou “maneirar”.

Nisso chegaram vários jovens que souberam da incursão dele na crosta. Começaram a interrogá-lo sobre a experiência por que passara diante dos entes queridos. Nós nos retiramos.

À tarde, estávamos recolhidos ao nosso dormitório coletivo quando Afrânio apareceu para nos visitar. Aproveitamos aquela oportunidade, perguntando-lhe qual era sua opinião sobre as condições em que Raul se encontrava. No que nos atendeu, solícito:

— Raul, apesar das aparências, guarda dentro de si muita insegurança. Precisamos cercá-lo de nossas atenções, pois a qualquer momento pode nos surpreender com alguma atitude inesperada.

— Depois de tudo por que passou, ele se arriscaria ainda a agir incoerente com a realidade? - perguntou Décio.

— Não se sabe. Raul é um Espírito ainda muito fraco, e essa fraqueza o tem comprometido ante as decisões mais importantes, optando sempre pela omissão nos momentos mais graves da sua vida, contraindo dívidas morais no curso de suas encarnações. Elza tem sido vítima dessas suas omissões; influenciado pelo Espírito da mãe, Raul a tem feito experimentar a solidão e o abandono, mas a jovem, nessa trilha de sofrimentos, adquiriu bastante compreensão. Antes de reencarnar, ela se comprometeu a ajudá-lo, e seu amor por ele cresce a cada nova experiência na Terra.

— Como ela poderá ajudá-lo mais do que já ajudou até aqui?

— Elza e Sérgio preparam-se para recebê-lo como filho querido. Raul, como tal, gozará da influência dela desde pequenino, e com certeza aprenderá com ela a ser forte e responsável.

— E Elisete? - A nossa irmã, atendendo às necessidades do Espírito comprometido com as leis de causa e efeito, experimentará a solidão e o abandono; Renato em breve retornará ao nosso plano. Eliza, quando atingir a juventude deixará o lar, partindo para um país distante, acompanhando o futuro marido.

— Raul aceitará submeter-se à condição de filho de Elza?

— É a única perspectiva para ele. Caso rejeite, o Ministério das Reencarnações provavelmente promoverá a reencarnação compulsória. Esperemos que isso não venha a acontecer. Vamos nos dedicar a convencê-lo das vantagens que isso representa.

— Hoje, Décio insinuou a possibilidade do seu retorno à Terra, e ele pareceu gostar da ideia.

— Não se iluda, Eduardo! Temos visto muitos Espíritos decididos recuarem no momento de renascer, causando inúmeros transtornos aos benfeitores que se dedicam à tarefa de auxiliá-los nos processos da reencarnação.

— Então, não está confiante de que ele venha a aceitar?

— Apenas guardo algumas reservas, devido às experiências que tenho vivido, onde a mente humana tem-me surpreendido a cada momento com reações inesperadas. Aguardemos os próximos dias, e peçamos a Deus que nos ajude, para que colaboremos com a Sua vontade, que visa a felicidade de todos nós.

Afrânio despediu-se, deixando-nos, para o descanso daquela noite. Passados alguns dias desse nosso diálogo, caminhávamos eu e Décio pelo parque que circunda nossa colônia quando encontramos Raul sentado sob uma das árvores. Décio, sempre com bom humor, abordou-o, falando na gíria:

— Como é, "cara", "tá numa boa"?

— "Tô" amargando aqui com as minhas dores.

— Qual é "cara"! Onde está doendo?

— Aqui, bem no coração – falou batendo no peito.

— Isso é mau! Qual é o "grilo"?

— Saudades, saudades...

— De quem?

— De todos e de tudo! Da vida lá em baixo; da "gata", principalmente. Preciso falar urgente com Afrânio; estou com vontade de voltar à crosta para ver o pessoal novamente, não estou aguentando a saudade.

— Afrânio irá encontrá-lo esta noite. Eu acho que ele tem novidades para você...

— Espero que sejam boas.

— Provavelmente serão, pois tudo o que é feito nesta colônia é para o nosso bem.

Conversamos ainda por algum tempo e pudemos perceber o descontentamento que Raul apresentava ante a situação em que se encontrava. Percorremos a colônia, visitando quase todos os pavilhões, depois nos recolhemos ao nosso dormitório, onde Afrânio nos aguardava.

— Como está Raul? – perguntou-nos.

— Bastante contrariado - respondi.

— Eu previa tal comportamento. Essa atitude talvez venha a contribuir para que tudo se encaminhe em direção aos objetivos a serem alcançados. O seu retorno à crosta na condição de desencarnado se lhe afigura como um paraíso sem responsabilidades.

— Quando pretende comunicar-lhe a sua reencarnação?

— Pretendia esta noite, mas antes vou conversar com Venâncio.

— Podemos ajudar em algo?

— Sim, procurem distraí-lo, conversem o mais que puderem. Logo mais irei encontrá-los no pavilhão de enfermaria.

O sol, naquele momento, tingia a lua de vermelho formando maravilhoso crepúsculo.

Dirigimo-nos ao pavilhão onde se encontrava Raul e lá ficamos conversando com ele. Raul mostrava-se arredio às nossas interpelações, parecia ocultar-nos algo que guardava dentro de si. Afrânio tinha razão, ele pretendia alguma coisa que não queria que soubéssemos. Percebia-se pelas perguntas que nos fazia.

— Vocês já foram sozinhos à crosta?

— Sim, algumas vezes, por quê?

— Vou poder ir algum dia?

— Sim, desde que demonstre estar plenamente equilibrado para isso.

— Que tipo de equilíbrio?

— Das emoções, principalmente.

— Caso contrário, ficarei preso aqui eternamente?

— Não. Você é livre. Só que não é aconselhável tal investida sem que esteja preparado para isso.

— Se eu quiser ir embora agora, o que pode me acontecer?

Ninguém vai impedi-lo, só que você vai se comprometer gravemente com as leis que ora o beneficiam, perdendo valiosas oportunidades de libertação legítima.

— Sabe, sinto-me fortemente atraído por Elza. Isto está crescendo dentro de mim e, a cada dia, torna-se mais irresistível. Sinto que preciso estar perto dela.

Nesse instante, Afrânio chegou, ouvindo esse desabafo de Raul.

— Como está, meu querido irmão? - perguntou Afrânio, acomodando-se entre nós.

—Estou bem – respondeu timidamente.

— Como é, gostaria de uma nova incursão pela crosta?

— É o que mais desejo neste momento.

— Vou preparar para os próximos dias. Procure participar das atividades em nossa colônia, para que não fique muito ansioso aguardando o momento de nossa jornada. Assim que nos for permitido, viremos buscá-lo.

Afrânio fez um sinal e nos despedimos, acompanhando-o em direção ao nosso dormitório. Estava surpreso com a atitude dele. Pensei que Afrânio ia lhe falar da necessidade de retornar às experiências na matéria e ele apenas o convidava para um passeio pela crosta! Chegamos ao dormitório. Décio não aguentou a curiosidade e perguntou-lhe:

— O que aconteceu que fez com que mudasse os planos?

— Analisei o caso juntamente com Venâncio e dois benfeitores da área das reencarnações. Todos foram unânimes em afirmar que deveríamos confrontá-lo novamente com Elza antes de lhe dar a notícia. Talvez o comportamento que assumir venha a contribuir ao desiderato da reencarnação.

— E se ele se negar a retornar conosco?

— Vamos aguardar. Não nos antecipemos aos fatos.

Afrânio se despediu, deixando-nos com algumas recomendações referentes a Raul.

Passaram-se três dias daquela noite. Raul comportou-se segundo a orientação de Afrânio, ajudando nas tarefas e colaborando com os jovens que trabalhavam no parque, cuidando das flores e das árvores. Afrânio havia nos autorizado a avisá-lo que naquela noite o levaríamos à crosta. Aproximamo-nos dele, enquanto se dedicava a um pequeno jardim de flores silvestres.

— Como é, amigão, vamos passear? – perguntou Décio.

— Só se for já – respondeu, sorridente.

— Já não, mas à noite é certeza! Afrânio pediu-nos para avisá-lo.

— Verdade? Eu pensei que era "papo-furado" dele só para me acalmar.

— Afrânio não iria usar de argumento falso com você, concorda?

— É, realmente! Ele tem sido um "cara bacana" comigo.

— Quando for o momento, nós vamos buscá-lo lá no pavilhão. Vai se preparando.

— Fiquem tranquilos, estarei esperando numa "boa".

Caminhávamos em direção aos pavilhões que ainda não havíamos visitado naquela manhã, quando Afrânio surgiu ao nosso lado.

— Ué, de onde você veio? – perguntei surpreso.

— De lugar nenhum! Estive o tempo todo ao lado de vocês. Nós só não podemos nos ocultar daqueles que nos são superiores.

— Então você esteve invisível o tempo todo, enquanto conversávamos com Raul? Assistiu ao nosso diálogo?

— Naturalmente que sim! Ali estive com essa finalidade, a fim de aquilatar as reações dele.

— Foram normais?

— Até certo ponto, sim.

— E hoje à noite na crosta, o que você acha?

— Vamos aguardar. Continuem a visitação aos pavilhões e logo mais nos reuniremos.

Afrânio seguiu em direção ao edifício central e nós continuamos o nosso roteiro. Anoitecera. Eu e Décio aguardávamos a chegada de Afrânio, enquanto comentávamos sobre a transformação de Raul. Já não se via nele aquele jovem assustado, mas sim um Espírito ardiloso, e um tanto resguardado e insatisfeito. Estávamos envolvidos nessas avaliações sobre o comportamento dele, quando Afrânio chegou.

— Estão prontos? – perguntou.

— Sim. Partiremos já?

— Agora mesmo. Vamos apanhar o nosso irmão.

Saímos ao encontro de Raul. Estava nos aguardando bastante tenso. Amparados por Afrânio, rumamos em direção à crosta. Chegamos àquela praça próxima da casa de Elisete. Afrânio fez-lhe algumas advertências, depois seguimos; eram vinte e uma horas quando entramos na residência. Estavam todos reunidos em torno da mesa da cozinha - dona Florinda, Renato, Elisete, Júlia e Eliza. Ao nos aproximarmos, Artur e doutor Armando nos acenaram; dona Florinda acabava de ler um trecho do *Evangelho segundo o Espiritismo*. Desde a recuperação de Eliza, Elisete sofrera profundas transformações. Aquela cena que assistíamos se repetia todas as semanas. Dona Florinda começou a comentar sobre a lição da noite quando Raul, mostrando-se um tanto perturbado, dirigiu-se ao quarto que lhe pertencera. Ao constatar a transformação dos seus aposentos em escritório, sentiu-se frustrado. Voltou à cozinha, e, no momento em que faziam as orações, quando citaram seu nome, correu para junto da mãe, tentando envolvê-la, mas foi em vão. Elisete, tomada pelo fervor da prece, irradiava uma tênue luz à sua volta, o que lhe bloqueou as intenções. Dona Florinda, registrando-lhe a presença, falou de forma geral, abordando-o indiretamente:

— Se algum Espírito foi atraído pelas nossas preces, receba neste momento nossa manifestação de carinho e compreensão. Procurem assimilar os ensinamentos dos benfeitores que os assistem, a fim de que possam assumir a nova condição de vida a que foram chamados. Que Deus os abençoe! Vão na paz de Jesus!

Naquele momento, Raul saiu à rua desesperado. Eu fui ao seu encalço, mas detive-me ao vê-lo em desabalada carreira. Afrânio chamou-me e recomendou:

— Provavelmente foi ao encontro de Elza; você vai acompanhá-lo o tempo que for necessário. Todavia, ele não poderá perceber que está sendo observado por você. Eu e Décio vamos retornar à nossa colônia, mas continuarei atento para que, no momento oportuno, possamos auxiliá-lo novamente.

Despedimo-nos, e eu rumei apreensivo em direção à residência de Elza. Aquele encargo era, para mim, inédito nas experiências que tive como Espírito desencarnado. Temia falhar ao ser descoberto por ele, por isso orei bastante enquanto me dirigia ao apartamento de Elza.

Entrei...

O casal estava na sala assistindo à televisão. Quando vi Raul ao lado de Elza, reagi instintivamente tentando ocultar-me. Estava abraçado a ela e mostrava-se transfigurado; seus olhos tornaram-se vermelhos novamente, o corpo perdera as fulgurações que mantinha quando em nossa colônia. Parecia mais velho. Sentindo a sua influência, Elza demonstrava sinais de sonolência, por isso, desculpou-se com Sérgio dirigindo-se para o quarto. Passaram rente a mim, foi nessa hora que percebi que ele realmente não registrara a minha presença. Acompanhei-os; ela já estava vestida com os trajes de dormir. Deitou-se, enquanto ele continuava abraçado a ela, que logo adormeceu. Em determinado momento, Elza começou a agitar-se, tentando sair do corpo, mas Raul a dominava, beijando-a e abraçando-a com volúpia. Nesse momento ela acordou gritando, o que atraiu Sérgio.

— O que aconteceu? – perguntou o esposo.

— Acho que tive um pesadelo...

Sérgio acalmou-a e ela acomodou-se novamente para dormir. Raul, desprendendo-se de Elza, colocou-se em pé à frente da cama, observando-a. A mulher de Sérgio adormeceu novamente e, em poucos instantes, desdobrava-se do corpo. Quando viu Raul, se afastou, temendo-o.

— O que você faz aqui? Onde estão os seus amigos? – perguntou-lhe, aflita.

— Desta vez eu vim só – respondeu, aproximando-se da moça.

Elza recuou, sentindo que ele não estava bem.

— O que você quer? – perguntou-lhe.

— Eu vim para ficar. Você me pertence! Vamos ficar juntos para sempre!

— Isso não é possível! Não vê que estamos em planos diferentes?

— Não importa! Eu não vou voltar para aquele lugar. Prefiro ficar aqui com você, mesmo nessas condições. Agora ninguém pode me atrapalhar, nem mesmo a minha mãe.

Tentou agarrá-la, mas Elza escapou-lhe, refugiando-se no corpo e novamente acordando aos gritos e com crises de choro. Sérgio, atraído mais uma vez pelo alarido da esposa, veio ao seu encontro.

— Querida, o que está acontecendo?

— Estou com medo! Tive outro pesadelo... Alguém tentava me agarrar...

Sérgio foi até a sala, desligou o aparelho de televisão, voltou ao quarto e deitou-se ao seu lado, acalmando-a.

Nesse momento, Raul, demonstrando certa revolta, saiu para a rua. Eu o acompanhei. Dirigiu-se para a casa dos pais, andando lentamente. No caminho, um grupo de Espíritos embriagados que acompanhavam um alcoólatra encarnado barrou-lhe os passos como que pedindo alguma coisa. Em determinado momento tornaram-se agressivos, então interferi mostrando-me a eles que, ao registrarem a minha presença, se projetaram em desabalada carreira, tropeçando uns sobre os outros.

Raul não me percebeu e continuou a sua caminhada. Entristecia-me vê-lo naquele estado, agindo contra a própria felicidade. Eu já tinha acompanhado muitos casos de Espíritos que nos primeiros momentos se revoltavam ante as circunstâncias da morte, mas que, em pouco tempo, se reajustavam à nova realidade, tornando-se, inclusive, mais tarde colaboradores da própria família. Raul mostrava-se diferente, atuando no sentido completamente oposto.

Entramos novamente na casa de Elisete. Artur, quando viu Raul, meneou a cabeça como que lamentando o estado em que ele se encontrava. O jovem foi direto para o quarto da mãe. Ali sentou num dos cantos, como que esperando que ela viesse ao seu encontro. Elisete, porém, dormia sem registrar-lhe a presença. O dia começava despontar, e a claridade dos primeiros raios do sol invadia o quarto pelas frestas da janela. Raul adormecera; Renato levantou-se saindo para o trabalho; e Elisete preparava Eliza para a escola demonstrando alegria, pois cantarolava baixinho, entretida com a filha.

Todos já haviam saído quando Raul despertou. Vasculhou a casa como quem procura alguma coisa e saiu para a rua novamente, andando agora mais apressado. Em poucos instantes, estávamos no apartamento de Elza. Ela tomava o café da manhã. Raul abraçou-a, beijando-lhe abaixo da nuca, ela pareceu sentir; passou a mão no local, suspirando profundamente.

Enquanto se movimentava, ele acompanhava-lhe os movimentos, sugando-lhe as forças. Com muita dificuldade, conseguiu preparar o almoço. Sérgio, quando chegou para almoçar, percebeu que ela não estava bem.

— O que você tem? Está abatida, sente alguma coisa?

— Eu não sei... Sinto um peso sobre minha cabeça, às vezes penso que vou desmaiar...

— Talvez seja gripe.

— Não sei, não. Será que não é por causa dos comprimidos que eu estou tomando?

— Pode ser. Talvez tenhamos de substituí-los por outra marca.

— Você não acha que devíamos parar de evitar? Esses comprimidos não fazem bem à saúde, minha mãe sempre fala isso.

— Eu acho que é muito cedo para termos filhos. Deixa eu me organizar primeiro.

— Você é quem sabe.

— Se piorar, ligue para mim, que eu venho apanhá-la para levá-la ao médico.

Almoçaram e logo após Sérgio saiu. Raul mostrou certo contentamento. Elza não conseguiu terminar a arrumação da cozinha, acometida de forte sonolência, provocada pelo magnetismo de Raul que não se desprendia dela, obrigando-a a deitar-se. Dominada por ele, dormiu a tarde toda. Quando Sérgio chegou à noite, precisou de muito esforço para acordá-la.

— O que foi? O que foi? – acordou, assustada.

— Tudo bem! Sou eu, acalme-se.

— Que horas são? – perguntou, confusa.

— São quase oito horas da noite.

— Como? Eu dormi até agora?

— Sim. Mas isso não importa! Você está bem?

Elza contou-lhe o que havia sentido durante o dia. Raul, naquele momento, retirou-se alcançando a rua em direção à casa de Elisete. Foram quase quarenta dias que permaneci ao lado dele nesse vaivém.

Elza, sob a influência dele, emagrecera visivelmente, acabando por peregrinar pelos consultórios médicos. Ele a dominava de tal forma que a fizera esquecer-se da fé que alimentava, privando-a dos seus recursos espirituais. Em uma das noites, quando Raul deixou a residência de Elza, eu permaneci junto ao casal com a finalidade de inspirá-la a buscar os recursos da Doutrina Espírita, atendendo à orientação de Afrânio.

Sérgio chegou por volta das oito horas da noite. Elza preparara um lanche, pois se viu impossibilitada de cozinhar, dada ao desânimo e à fraqueza em que se encontrava. Sentados à mesa, acompanhei o diálogo dos dois, colocando-me ao lado dela.

— O que vamos fazer? A cada dia estamos nos distanciando mais um do outro. Eu não tenho culpa de ter ficado doente! Parece até que você não acredita em mim! – falou Elza, quase chorando.

— Não é nada disso! Apenas estou preocupado com você. Os médicos não encontram nada que justifique seu estado de saúde. O doutor Oliveira disse tratar-se de um esgotamento nervoso; aconselhou-me a levá-la a um neurologista.

— Você acha que é da minha cabeça?

— Não sei, Elza. Precisamos descobrir.

Nesse instante, atuei sobre ela, estimulando-lhe o ânimo.

— Por que não pensei nisso antes?

— O que foi? – perguntou Sérgio, preocupado.

— Nós vamos a um Centro Espírita.

— Você acredita que será a solução?

— Quem sabe? Eu já li muito a respeito... Pode ser mediunidade... Quando eu assistia às palestras na Federação Espírita, quase sempre abordavam a influência que sofremos por parte dos Espíritos desencarnados. Talvez seja este o meu problema.

Sérgio relutou um pouco, mas acabou concordando em levá-la no dia seguinte. Deixei-os, retornando para o lar de Elisete onde Raul se encontrava. Afrânio aguardava-me. Contei-lhe sobre a resolução do casal e ele mostrou-se satisfeito. Raul estava acomodado a um canto do quarto quando sua mãe, de madrugada, desdobrou-se do corpo em sua direção e acariciando-lhe a cabeça começou a falar:

— Meu filho, o que você está fazendo com a sua vida?

— Não importa. Você me abandonou.

— Eu não o abandonei! Tenho orado bastante por você... Desejo a sua felicidade!

— Agora eu tenho a felicidade que desejava; estou com ela e você não pode me impedir.

— Raul, meu filho, depois que você partiu, tenho aprendido muitas coisas boas... Agora sei que não somos donos da vida de ninguém, muito menos das pessoas que amamos; mesmo nossos filhos não nos pertencem, devemos nos amar como irmãos.

— Deixe-me... Deixe-me.

Senti-me penalizado ao vê-lo transfigurado daquele jeito. Parecia um molambo humano. Por outro lado, sentia-me feliz ao ver Elisete totalmente transformada. Ela, em Espírito, mostrava-se mais radiante! Lembrei-me das provações que ainda teria de enfrentar nos próximos anos e, então, pedi a Deus para lhe dar bastante força para superá-las.

Afrânio se despediu e eu aproveitei para descansar um pouco, pois me sentia exausto. Aqueles dias absorveram-me as forças, por isso cochilei até o amanhecer. Artur acordou-me quando Raul se preparava para sair; eu, então, o acompanhei. Logo que chegamos ao apartamento de Elza, Raul foi se ajustando à sua organização perispiritual, tentando dominá-la. Ela, porém, mostrava-se revigorada no ânimo, dificultando-lhe a manobra. Permaneci com eles até a noite, colaborando para que Elza se mantivesse disposta a levar avante a decisão de comparecer à reunião. Afrânio chegou quase no mesmo instante que Sérgio.

— Como é, está tudo sob controle? – perguntou-me.

— Parece que sim. Pelo menos Elza está pronta, só aguardando a chegada de Sérgio.

— Ótimo!

Raul, parecendo pressentir alguma coisa, começou a envolver Sérgio, que se mostrou contrariado.

— Eu acho que não devemos ir. Você não está bem e pode piorar.

— Vamos sim! E eu já estou pronta! – falou Elza, decidida.

— Vamos só perder tempo. Eu acho que isso é bobagem, você precisa mesmo é de médico.

— Nada disso! Se você não for, eu vou sozinha.

Sérgio, contrariado, acabou concordando. Raul, imediatamente, agarrou-se outra vez em Elza causando-lhe certo mal-estar, mas mesmo de ter um filho. Ao término da sessão, acompanhamos o casal até o apartamento deles. Elza sentia-se bem e, assim que chegaram ao lar, começou a falar entusiasmada.

— Hoje termina a caixa de comprimidos. Como é, paro de tomá-los?

— O que você acha?

— Por mim, eu já teria parado há muito tempo... Quero saber de você!

— Tudo bem, que Deus nos ajude.

Elza correu, atirando-se aos seus braços, vibrando de alegria. Eu e Afrânio nos retiramos. A partir daquela noite, Elza passou a submeter-se a um tratamento de passes três vezes por semana. Já na primeira semana, registrava uma melhora surpreendente. Raul sentia-se acuado; suas forças resvalavam nas vibrações de otimismo que se apossara de Elza, que mantinha uma fé fervorosa, aguardando as bênçãos da maternidade.

Certa noite, quando Raul se refugiava no quarto de Elisete, Afrânio chegou acompanhado de Venâncio. Isto me surpreendeu deveras, pois eram raras suas vindas à crosta, o que só ocorria em casos muito importantes. Cumprimentaram-me, conversando um pouco comigo; logo em seguida aproximaram-se de Raul. Ele estava profundamente transtornado, seu semblante demonstrando medo e apreensão. Venâncio lhe falou:

— Raul, meu irmão, não se desespere! Para tudo existe uma solução! Estamos aqui para auxiliá-lo. Entretanto, para que tal ocorra, precisamos da sua colaboração. Sabemos da insegurança de que está acometido, por isso mesmo queremos ofertar-lhe meios seguros de sair dessa situação difícil em que se colocou. E o único caminho que nos aponta a misericórdia divina é a bênção do renascimento.

Raul agitou-se quase em desespero, entregando-se a um pranto convulsivo. Após chorar muito, acalmou-se.

— Então, meu irmão! O que me diz?

— Eu não sei nada, estou com muito medo!

— Antes de você reencarnar, foi feita uma programação, incluindo o seu retorno quase imediato para novas experiências na matéria. Elza prontificou-se a recebê-lo nos braços como filho querido do seu coração.

Naquele instante, o rapaz voltou a chorar. Afrânio atuou sobre ele, procurando fortalecê-lo. Venâncio insistiu...

— Sob os cuidados carinhosos de Elza, você vai reconstruir a sua felicidade, adquirindo a segurança que agora lhe falta. Confie em nós a fim de que possamos ajudá-lo.

— O que devo fazer? – perguntou assustado.

— Não se preocupe; apenas se entregue à nossa vontade. Colaborando conosco com os seus pensamentos, dentro em pouco chegarão os benfeitores da reencarnação que nos ajudarão a prepará-lo.

Não demorou muito e aproximaram-se dois Espíritos - um deles, de barbas brancas, vestia-se com um traje longo; o outro tinha a aparência mais jovem e olhar penetrante. Sorriram nos cumprimentando. Eles, juntamente com Afrânio e Venâncio, rodearam Raul.

— Agora você nos ajude. Procure recuar no tempo, resgatando a imagem de quando era menino; mantenha essa imagem nítida na mente.

Naquele momento, todos se transfiguraram diante de mim; o quarto foi tomado de uma luz prateada intensa, deixando-os quase translúcidos aos meus olhos. Raul agitava-se como se estivesse em convulsão. Aos poucos, foi-se retraindo até que se transformou em uma criança do tamanho de um recém-nascido. Elisete, sua mãe, naquele momento desdobrou-se do corpo físico e, dirigindo-se até ele, tomou-o nos braços, voltando-se depois para os benfeitores que pelo seu gesto compreenderam suas intenções. Concentraram-se novamente e todos nos vimos transportados para o apartamento do jovem casal. Elza estava fora do corpo, e registrou a nossa presença. Elisete entregou-me Raul e foi ao seu encontro. Ela afastou-se, temendo-a.

— Não tema, minha filha! Quero abraçá-la e pedir perdão pelo quanto tenho feito você sofrer. Elza abaixou a cabeça. Elisete aproximou-se, envolvendo-a num demorado abraço.

— Minha filha, vim reparar um erro que há muito nos tem feito sofrer. Prisioneira do egoísmo, tornei-me cega durante tanto tempo que não conseguia enxergar a felicidade que você lhe oferecia. Graças ao sofrimento que venho experimentando, dobro-me à realidade.

Voltando-se para mim, tomou novamente Raul em seus braços e, entregando-o a Elza, afirmou:

— Em nome de Deus, entrego-o sob os seus cuidados, confiante de que você lhe dará a felicidade, a segurança e a fortaleza de Espírito que eu não fui capaz de dar a ele.

Elza abraçou-o, envolvendo-o em suas vibrações de amor. Olhou para nós, um por um, e, expressando um sorriso de contentamento, retornou ao corpo com Raul ajustando-se à sua organização perispiritual. Venâncio fez um sinal, convidando-nos a partir.

Os benfeitores da reencarnação permaneceram. Nós, após acompanharmos Elisete em regresso ao corpo, seguimos rumo à Estância de Amor. Reunidos no gabinete de Venâncio, fizemos algumas considerações sobre os acontecimentos e nos recolhemos.

Mais uma vez, a bênção do trabalho se exaltou ao nosso entendimento como o maior tesouro que a vida pode nos oferecer, principalmente quando dirigido a uma causa nobre e que envolve o bem-estar do nosso próximo. Não existe outra felicidade que se compare a esta! Diante de um acontecimento como este, não podemos negar que a vida se constitui de nuanças as quais, uma vez conhecidas, nos possibilitam identificar as causas de todos os sofrimentos por que passam os seres humanos.

10

Sabedoria brejeira

Combustível humano...

— Olá, compadre! Bom dia!

— Bom dia!

— E aí, compadre, trabalhando muito?

— E como! Tá difícil tocar a roça! Não há dinheiro para comprar herbicida, estamos capinando de sol a sol...

— Você estava falando e eu aqui, com os meus pensamentos, estava meditando. Os homens estão fazendo guerra por causa do petróleo, não é isso?

— Ué? Não é por causa do terrorismo?

— Qual nada, compadre! Tudo indica que as potências querem dominar as reservas de petróleo. Eu estava meditando... O petróleo é o combustível que alimenta as máquinas, os carros e etc. É o tal do ouro negro... Quer dizer, todo o mundo está girando em função do petróleo. Se o petróleo faltar, o que vai acontecer no mundo?

— Compadre! O mundo todo para!

— Para nada, compadre! O que para são as máquinas! E sabe por que o mundo não para? Porque ainda temos gente como você que produz o combustível para a máquina mais importante do universo: a máquina humana.

— Compadre, eu agora arrepiei! Sabe que eu nunca havia pensado nisso?

— Não é só você que nunca pensou nisso, mas a grande maioria dos homens, principalmente os que estão no governo. Eu sei que o mundo ainda precisa do petróleo, só que eu não concordo que coloquem o seu valor acima do valor humano.

— Você está certo, compadre! O ser humano parece que se tornou apenas um detalhe sem muita importância... Outro dia eu vi na televisão uma reportagem mostrando os boias-frias trabalhando nos canaviais. Meu coração ficou em frangalhos, quando vi algumas senhoras com mais de cinquenta anos cortando cana-de-açúcar, de sol a sol, para ganhar o sustento da família.

— Eu sei disso! Cada colher de açúcar que usamos para adoçar nossas iguarias, custaram horas amargas para esses heróis do trabalho, cujo valor jamais foi reconhecido.

— O que mais me emocionou nessa reportagem foi constatar que, apesar do sofrimento, essas senhoras demonstravam a alegria de possuir de quatro a cinco filhos cada uma, e que, segundo elas, isso, por si só, recompensava qualquer sacrifício! Pena que a maioria das pessoas que estão no conforto das grandes cidades troca de canal quando a televisão apresenta uma reportagem dessas. Elas preferem ignorar essa realidade. É lamentável, pois poderiam tirar valiosos exemplos de perseverança, de resignação, de coragem, de fé e de amor.

— É mesmo! Um grande número de pessoas quer fugir da realidade que as incomoda no âmago. Querem as alegrias mundanas para se distrair das responsabilidades implícitas na própria consciência!

Mantendo a fé...

— Bom dia, compadre!

— Bom dia!

— Ué!? Você está com cara de preocupado! O que está acontecendo?

— Sabe, compadre, eu estava aqui pensando... E se, de repente, tudo o que acreditamos não passar de uma ilusão?

— Não entendi... O que está querendo dizer?

— Por exemplo: e se Deus não existir? E se descobrirmos que a única coisa que resta para nós é o nada?

— Compadre, de onde surgiu essa ideia maluca?

— Nós temos conversado muito sobre a reencarnação, sobre as leis de causa e efeito, sobre os resgates necessários para a libertação das nossas consciências... Mas, hoje, diante de um acontecimento ocorrido lá na roça, eu fui colocado em xeque diante da minha fé.

— O que aconteceu?

— A minha vaquinha, coitada! Em função de um tumor na virilha, desequilibrou-se e caiu vala adentro! Depois de tantos anos servindo à nossa família, sem nada reclamar, garantindo leite e queijo para todos nós, tive que sacrificá-la para abreviar o seu sofrimento. Então eu me perguntei: se o animal não tem consciência dos seus atos e não tem o que resgatar, por que a vida lhe impôs tanto sofrimento?

— Compadre, muita gente questiona isso! Mas, só existe um meio para alcançarmos a compreensão: é preciso que se analise cada fato, tomando por base que todos somos seres em evolução, e que, a cada fase que atravessamos, a vida nos coloca diante de circunstâncias favoráveis ao nosso crescimento. O mesmo ocorre com os animais. Enquanto estão situados no ambiente natural, sujeitam-se às leis da natureza, e o preço a pagar é a luta pela sobrevivência e pela manutenção da espécie. Nessa empreitada evolutiva, muitos ferem e são feridos, matam e são mortos... Isto faz parte do preço que pagam pela oportunidade evolutiva. Precisamos entender que os animais que são arrancados do seu ambiente natural, para servir ou conviver com o homem, passam a se submeter à sua vontade; e o homem não tem como lhes oferecer os meios de que desfrutavam quando no ambiente natural. Isso acaba acarretando alguns distúrbios psíquicos e físicos face à dieta alimentar e aos excessos a que são expostos, até que se adaptem às novas condições. Entretanto, o princípio inteligente de alguns animais que são trazidos para perto do homem, em consequência dessa convivência, aceleram o processo evolutivo, gravando informações importantes para o desenvolvimento da inteligência.

— É, compadre! A explicação que você deu faz sentido. As doenças e os problemas que os animais passam a sofrer, ao se submeterem ao homem, somam o preço que pagam para avançarem evolução adentro...

— Os animais são nossos irmãos menores, por isso devemos amá-los e ajudá-los no longo caminho da evolução.

— Então eu fiz bem ao sacrificar a vaquinha?

— Sim! O animal não deve ser submetido a sofrimentos desnecessários, pois não traz culpas a serem ressarcidas. Sacrificar sua vaquinha, portanto, foi um ato de caridade. A natureza age da mesma forma; por isso existem os predadores que atacam primeiro os animais doentes ou feridos, abreviando-lhes o sofrimento.

— Foi bom encontrá-lo logo cedo! Você, além de aliviar minha consciência, restituiu-me a fé.

— Dilatar de forma artificial a vida de um animal em condições precárias de saúde quando o quadro é irreversível, significa ampliar o seu sofrimento. Isso não terá nenhuma utilidade para a sua evolução. É até mesmo uma descaridade que cometemos.

— Diante desses esclarecimentos, vejo o quanto é importante saber. Por isso eu o admiro!

— Compadre, não admire a mim, mas sim a Deus e à natureza que nos contempla com a inteligência que nos permite alcançar o saber.

— Você tem razão! Não há como não acreditar na Inteligência Suprema que criou o universo. Ela está presente em tudo o que conhecemos.

— O saber não tem limites e nem fronteiras. Estamos destinados a marchar na estrada iluminada do conhecimento até encontrarmos Deus na Sua plenitude.

— É isso aí, compadre! Volto para a roça com o coração cheio de alegria e de fé. Muito obrigado!

— Ainda bem, compadre! Vá com Deus!

Num outro dia...

— Boa tarde, compadre!

— Boa tarde! Aliás, é realmente uma linda tarde! Eu gosto demais do verão!

— É, compadre, para nós que já estamos velhos, o verão faz diferença.

— Tem alguma novidade?

— No outro dia, nós conversávamos sobre os animais, lembra?

— Sim, por sinal foi um papo bastante interessante!

— Pois é, compadre... Você soube do caso do tigre que atacou o domador?

— Eu vi a reportagem na televisão... Foi um acontecimento lamentável!

— Um acontecimento como esse, pode ser considerado um resgate?

— O que ocorreu foi consequência de uma relação entre um homem e um animal selvagem.

— Então, o acidente poderia ser evitado?

— Sim! O lugar do homem é na civilização; o do animal selvagem é nas florestas.

— Entendi, mas por que só depois de tantos anos o animal resolveu atacar?

— Quando os seres humanos se irritam, geralmente gritam, xingam e blasfemam; mas o animal ataca, é uma reação instintiva.

— Parece que havia entre eles um laço de afeição. O tigre era bem tratado, vivia até com certo requinte; aliás, de fazer inveja a qualquer ser humano.

— O animal selvagem, de classe inferior, não cultiva afeições ou sentimentos, à semelhança dos animas naturalmente domésticos. Obedece ao instinto. A dedicação aos filhotes, e até a aparente ternura com que os trata, são uma ação instintiva que só dura determinado período, depois os abandona. Os laços se dissolvem depois de cumprido o que o instinto determina.

— Então, não havia uma afeição entre eles?

— O que havia era uma relação de submissão, imposta pelo medo. Para o tigre, o domador era visto como o animal dominante, a quem o instinto impunha a submissão. Difere em muito da relação do animal doméstico com os seres humanos, cujo princípio inteligente está num outro estágio evolutivo.

— Neste caso, o tigre, depois de tanto tempo, venceu o medo e quebrou a submissão?

— Provavelmente foi o que aconteceu, ou então foi uma reação do próprio medo sentido numa proporção maior.

— O que esse acontecimento traz de positivo para a compreensão dos homens?

— Um acontecimento como esse traz no seu contexto uma mensagem clara de que ainda estamos longe de compreendermos o que é a verdadeira arte. A arte deve se expressar nos talentos do ser humano, sem a subjugação dos nossos irmãos animais.

— É, compadre! A verdadeira arte em nosso mundo ainda não encontrou o espaço que merece nos meios de comunicação.

— Infelizmente, prevalece ainda a mentalidade dos Césares... Só que, hoje, para o povo sobra apenas o circo.

— O que me entristece é que essa mentalidade começa a soprar em quase todos os movimentos, inclusive naqueles que foram criados para o esclarecimento do ser humano.

— Você tem razão. Na Roma antiga, a grande sensação era o circo onde se executavam os cristãos; hoje, a sensação é o circo das religiões, cada qual com os seus "astros" ocupando espaços consideráveis na mídia e nas instituições. O pão espiritual está escasso, mas o circo é distribuído com abundância!

— É, compadre! Sou obrigado a ironizar: no circo de Roma, matavam os cristãos; hoje se percebe que houve uma evolução prática: em vez de matar os cristãos, resolveram vender o Cristo.

— Essa foi boa!

— Só brincando mesmo...

— Sabe, compadre, Jesus falou aos apóstolos que o mundo o aborrecia. Eu, particularmente, sinto que o mundo também começa a me aborrecer. Não porque eu seja infeliz, pelo contrário... Com o conhecimento que adquiri por meio do espiritismo, sinto-me profundamente feliz em resgatar meus erros e vivenciar as provas que me competem... O que me aborrece é ver proliferar a hipocrisia em todos os setores sociais. Aliás, diga-se de passagem, nem mesmo o próprio Cristo conseguiu contemporizar com os hipócritas. Mas, vamos deixar isso pra lá. E como está a roça?

— É, compadre! Depois das chuvaradas desta semana, as plantas voltaram a sorrir e aprumaram a cabeça na direção do sol. É o milagre da natureza!

— Que coisa bonita! Você falou cheio de emoção e traduziu de uma forma poética a reação do plantio ante as bênçãos da chuva.

— A vida é toda uma poesia. Deus entoa seu canto por intermédio da natureza! Mas é preciso ouvidos afinados para ouvir a suave melodia no silêncio da alma.

— Você tem razão! É necessário uma sensibilidade muito apurada para registrarmos em nosso ser as vibrações do universo! Elas representam o eflúvio divino carregando no seu bojo os componentes da verdadeira felicidade. Quando conseguirmos nos deixar banhar por esse maravilhoso elixir de juventude eterna, deixaremos de choramingar pelos cantos da vida as migalhas de alegria em meio às tristezas que produzimos em abundância.

— É lamentável que muitos, diante de um canteiro de rosas viçosas, consigam ver apenas espinhos... Que se detenham preocupados em não se ferir e não conseguem sentir o perfume que exalam.

— Sabe, compadre... Geralmente o homem, preocupado em demasia com o futuro, não consegue registrar as belezas que enriquecem a sua vida no presente. Existem pessoas que jamais pararam para contemplar por alguns instantes o maravilhoso espetáculo do pôr do sol tingindo os horizontes da Terra.

— É, compadre! A humanidade perdeu o romantismo e se embruteceu nas disputas inglórias da vida mundana. As crianças deixaram de brincar e embrenharam-se nas guerras virtuais dos computadores. A brincadeira de empinar pipas, que era uma demonstração de arte embelezando os céus da infância, acabou se transformando em arma mortal, depois que passaram a usar o tal de "cerol", feito de cacos de vidro para tornar as linhas cortantes como navalha, com a finalidade de empreenderem acirradas disputas.

— Realmente! Vivemos um momento cujo alimento maior é a esperança! Sem ela não sobreviveremos! Só ela poderá nos ajudar a crer que um dia as crianças voltarão a brincar, os homens passarão a sentir o perfume das flores e ouvirão o canto da natureza, deixando-se banhar no eflúvio divino.

— É, compadre! Muitos poderão cogitar que crer em tal transformação é uma utopia. Isso porque ainda ignoram que o jardim terrestre dispõe de um exímio Jardineiro, o qual vem adubando constantemente as plantas pelas quais se tornou responsável. Neste momento, está realizando uma poda para revitalizar as mudas escolhidas que se revelaram viçosas e produtivas. As estéreis, dominadas pelos parasitas, serão transplantadas para outro jardim, onde receberão cuidados especiais. Nesse dia, o ser humano que soube se converter em planta viçosa e produtiva contemplará nos horizontes a majestosa aurora de um novo céu e de uma nova Terra.

— Compadre, eu sonho em ver esse dia glorioso no calendário da evolução humana! Sei que não estarei aqui, mas guardo a certeza em meu coração de que, do plano espiritual onde eu estiver, Deus me permitirá contemplar essa aurora inaudita e entoar o canto da vitória dos Espíritos que venceram os parasitas que durante milênios os infelicitaram.

— Os seres humanos poderiam abreviar esse dia. Se fossem dóceis aos cuidados do Jardineiro Divino, já teriam vencido os parasitas que os tornam estéreis. Ao recusarem o remédio para combater as pragas da ambição, do orgulho, do egoísmo e da vaidade, surgem como presas fáceis, contraindo enfermidades morais que lhes impedem o crescimento, tornando-os impermeáveis à chuva de bênçãos que jorra abundante dos céus, banhando suas consciências com águas cristalinas de sublimes advertências.

— É, compadre! Ao contrário das plantas da minha roça, nem sequer conseguem aprumar a cabeça na direção do sol que ilumina e vivifica, quanto mais absorver a água viva que jorra abundante do regador do Jardineiro...

— Realmente! Não vemos o Jardineiro trabalhando, mas o seu magnífico regador, o Evangelho, continua jorrando abençoadas advertências sobre as consciências humanas.

Trilogia: História Espiritual da Humanidade

Exilados da Capela (Os)

Edgarg Armond

14 x 21 cm | 192 Pág.

A formação e evolução das raças do planeta Terra. Obra extraordinária que cuida das grandes indagações dos homens acerca do início da humanidade.

Na Cortina do Tempo

Edgard Armond

14 x 21 | 128 Pág.

Sobreviventes salvos da Antlântida preservam seus conhecimentos destinados à posterioridade

Almas Afins

Edgard Armond

14 x 21 | 160 Pág.

A trajetória de Espíritos agins desde a submersa Lemúria até os dias atuais.

Doutrinários

Bezerra de Menezes

O médico dos pobres

Francisco Acquarone

14 x 21 | 160 Pág.

As lutas e o sofrimento que o doutor Bezerra de Menezes "o médico dos pobres" teve para unir os espíritas brasileiros, seu ideal de colocar em prática as instruções ditadas pelo Espírito Kardec com respeito ao movimento doutrinário no Brasil.

Maria

Mãe de Jesus

Edison Carneiro

14 x 21 | 192 Pág.

Esta antologia procura silenciar a voz da imaginação, reunindo textos que considera fiéis a realidade, resultando numa biografia fidedigna, conquanto com lacunas, da Mãe de Jesus; são acrescentados alguns "flashes" das atividades de Maria na espiritualidade e poemas retratando Nossa Senhora.

Campanha de Preservação da Vida
EDITORA ALIANÇA
Tema: PREVENÇÃO AO SUICÍDIO

Campanha de Preservação da Vida
EDITORA ALIANÇA
Tema: ABORTO

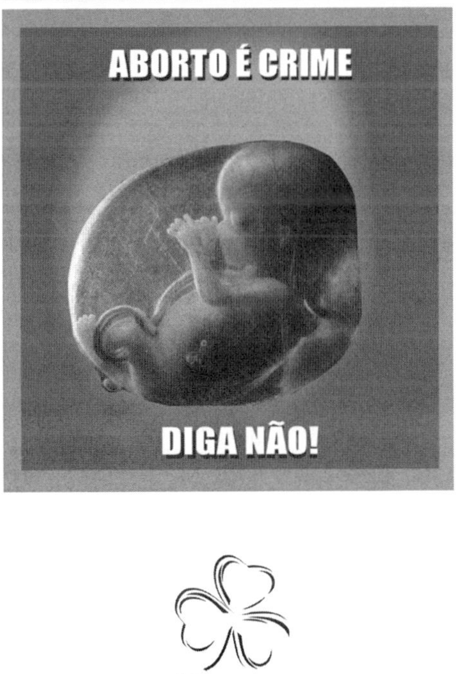

Aliança